UNE ÉTAPE

DE

NAPOLÉON Ier

AUXERRE, 17-19 MARS 1815.

PAR

M. André ROSSIGNEUX

Extrait du *Bulletin de la Société des Sciences historiques et naturelles de l'Yonne*, 2me Semestre 1910.

AUXERRE

TYPOGRAPHIE ET LITHOGRAPHIE A. GALLOT, RUE DE PARIS, 47.

—

1911

UNE ÉTAPE DE NAPOLÉON Ier

UNE ÉTAPE

DE

NAPOLÉON Ier

AUXERRE, 17-19 MARS 1815

PAR

M. André ROSSIGNEUX

Extrait du *Bulletin de la Société des Sciences historiques et naturelles de l'Yonne*, 2me Semestre 1910.

AUXERRE

TYPOGRAPHIE ET LITHOGRAPHIE A. GALLOT, RUE DE PARIS, 47.

—

1011

UNE ÉTAPE DE NAPOLÉON Ier

AUXERRE, 17-19 Mars 1815

Par M. André ROSSIGNEUX

AVANT-PROPOS

Si les séjours à Auxerre de Louis XIII et de Louis XIV ont fait l'objet d'études approfondies, les détails du passage de Napoléon Ier sont peu connus; le « second règne » de l'empereur ne fut qu'éphémère et la deuxième Restauration s'empressa de faire disparaître tout ce qui pouvait rappeler « l'usurpation de Bonaparte ». Il n'y a aux Archives de l'Yonne qu'un petit dossier de quatre pièces, sans grand intérêt; les Archives municipales de cette époque n'existent plus, et je n'ai pu trouver nulle part un procès-verbal de la réception qui eut lieu à la Préfecture.

Cependant, en moissonnant à droite et à gauche, j'ai pu trouver, soit dans les journaux de l'époque, soit dans des mémoires, quelques détails qui, je l'espère, intéresseront les Auxerrois qui s'occupent de l'histoire locale; nous sommes depuis plus de quinze ans en pleine renaissance du « Napoléonisme », et il m'a semblé que le passage de Napoléon à Auxerre méritait d'être étudié.

L'Empereur passa dans notre chef-lieu pendant son retour triomphal de l'île d'Elbe à Paris; ce retour était fatal, il était prévu... sauf des Bourbons. Louis XVIII avait écrit sentencieusement à Talleyrand : « Ne perdons jamais de vue que s'il existe une ressource à Buonaparte, c'est en Italie, par le moyen de Murat, et qu'ainsi *delenda est Carthago.* »

« Mais cette équipée fabuleuse était condamnée d'avance, rien de stable n'en pouvait sortir. A peine la France eût-elle revu l'homme au petit chapeau qu'elle désirait de loin et appelait, peut-être plus par esprit frondeur et pour faire peur aux Bourbons que par conviction, qu'elle en prit peur elle-même. A la nouvelle du débarquement du golfe Jouan, la rente recula à Paris de sept points en vingt-quatre heures et la Bourse fut saisie de panique (1). »

A Auxerre, comme dans bien des villes, avant la nouvelle de l'entrée de Napoléon à Grenoble et à Lyon, on n'ose pas se prononcer ouvertement pour lui, la population est consternée et le Conseil municipal envoie une adresse au Roi : « pénétré de la plus profonde indignation contre Napoléon Bonaparte et affirmant que le peuple et l'armée ne balanceront jamais entre l'homme qui a fait couler tant de larmes et de sang et un monarque sage et réparateur qui signale chacun de ses jours par de nouveaux bienfaits. »

Mais un regain de popularité va ramener l'Empereur aux Tuileries. Grâce à ses proclamations où il se présente bien véritablement comme « la Révolution bottée », à l'enthousiasme des soldats restés toujours idolâtres de leur Dieu et à la haine des populations contre le clergé et les émigrés, les « vives inquiétudes » (2) de Napoléon disparaissent, et son retour ne sera plus qu'une marche triomphale de Grenoble à Paris.

Dès l'arrivée de l'avant-garde impériale à Auxerre, les cris de « vive l'Empereur ! » éclatent de toutes parts, le Préfet court au-devant de Napoléon, le Conseil municipal va le complimenter à l'entrée de la ville et les habitants signent en foule une adresse à « Sa Majesté l'Empereur des Français », ce qui n'empêcha pas les autorités de signer, moins de quatre mois après, une adresse de félicitations au Roi, à l'occasion de son retour dans sa capitale. En passant à Auxerre, Napoléon était rajeuni et ranimé par son triomphe, il avait l'énergie, la résolution et l'espérance; il se présente « non comme le vieil Empereur, venu pour reprendre le souverain pouvoir, mais comme le soldat de la Révolution, l'homme du peuple (3) »; sa revue du 14ᵉ de ligne montre bien l'attitude de l'armée avec « le Petit Caporal »; l'entrevue avec le maréchal Ney est une page d'histoire; la conversation avec l'abbé Viart, tout en indiquant les sentiments du clergé pendant les

(1) Gruyer, *Napoléon, roi de l'île d'Elbe.*
(2) Conf. *Mémorial*, t. II, page 1114.
(3) H. Houssaye, *1815*, t. I, page 482.

Cent-Jours, peut servir à expliquer certains points de la psy-
chologie de Napoléon.

Il y a encore certainement à glaner des anecdotes et des
souvenirs sur les deux journées passées par l'Empereur dans
notre ville, et je remercie d'avance les Auxerrois qui vou-
dront bien me donner quelques indications et ajouter à mon
petit travail des étais qui le rendront plus solide.

Villa Saint-Martin, mars 1910.

ANDRÉ ROSSIGNEUX.

BIBLIOGRAPHIE

A. D. B. M*** (Monier), lieutenant de grenadiers, *Une Année de la vie de Napoléon*. Paris, Eymery, 1815.

Fabry, *Itinéraire de Buonaparte de l'île d'Elbe à l'île Sainte-Hélène*. Paris, Le Normant, 1817.

J. Guerre, *Lyon en 1814 et 1815*. Lyon, imp. J.-B. Kindelem, 1816.

Fleury de Chaboulon, *Mémoires pour servir à l'histoire de Napoléon en 1815*. Londres, imp. Roworth, 1820.

M. B. D. L., *Napoléon Bonaparte, détails sur sa vie privée et politique de l'île d'Elbe à Sainte-Hélène*. Paris, Montaudon, 1815.

Peyrusse, *Mémorial et Archives*. Carcassonne, 1869.

Montholon, *Itinéraire de l'île d'Elbe à Rochefort*. Paris, Paulin, 1847.

Rey, *Napoléon proscrit à Corps, Empereur à Grenoble*. Grenoble, imprimerie Redon, 1852.

Laborde, *Napoléon et sa garde*. Paris, Desrez, 1840.

Raudot, *Une heure des Cent-Jours*. Avallon, imp. de Comynet, 1833.

Robineau-Desvoidy, *Le 17 Mars 1815*. Auxerre, imp. Robert, 1829.

Souvenirs de l'abbé Fortin (tome I). Auxerre, imp. Perriquet, 1865.

Max Quantin, *A travers les rues d'Auxerre*.

L'Ile d'Elbe et les Cent-Jours. Correspondance de Napoléon Ier, 31e volume.

Cahiers du Capitaine Coignet, publiés par Lorédan Larchey. Paris, Hachette, 1883.

Comte de Las-Cases, *Mémorial de Sainte-Hélène*. Paris, Garnier, 1895.

Léon Brunschvicg, *Cambronne, sa vie civile, politique et militaire*. Nantes, imprimerie Schwob et fils, 1896.

Albert Schuermans, *Itinéraire général de Napoléon Ier*. Paris, Picard, 1908.

Gruyer, *Napoléon, roi de l'île d'Elbe*. Paris, Hachette, 1906.

Henri Houssaye, *1815*, tome I. Paris, Perrin, 1893.

Henri Welschinger, *Le Maréchal Ney*, 1815. Paris, Plon, 1893.

Le Clerc de Fourolles, *Notes généalogiques sur une ancienne famille d'Auxerre*. Tonnerre, imp. Bailly, 1892.

Leblanc-Davau, *Recherches historiques sur Auxerre*. Auxerre, imp. Gallot, 1871.

L'homme le plus étonné de France fut certainement Jean-Roch Coignet, capitaine d'état-major en demi-solde, lorsque les vieux habitués du café Milon lui apprirent le jeudi 9 mars 1815 (1) le débarquement en France de l'exilé d'Elbe : « Connaissez-vous les nouvelles, avait-on demandé au grognard ? — Point du tout. — Vous ne voulez pas parler, vous avez peur de vous compromettre. — Je vous jure que je ne sais rien. — Eh ! bien, dit un gros papa, on dit qu'il est passé un capucin déguisé et un autre grand personnage que le Préfet voulait faire arrêter (2). — Je ne vous comprends pas. — Vous faites l'ignorant, c'est pour cela qu'il a gardé son cheval, il attend la capote grise. — Je tombais des nues en les entendant parler et je me retirai confus de joie; je croyais déjà voir mon Empereur arriver (3). »

Il ne semble pas qu'au début, cette nouvelle ait beaucoup réjoui les habitants d'Auxerre; le capitaine Coignet constate que tout le monde était dans la consternation (4). On se rap-

---

(1) D'après les Mémoires de l'abbé Fortin, la nouvelle du retour de Napoléon ne serait parvenue à Auxerre que le dimanche 12; c'est une erreur : le *Moniteur* apprit la nouvelle aux Parisiens dès le mardi 7 et elle fut connue à Auxerre le 9. (Registre des délibérations du Conseil municipal, séance du 10 mars 1815.)

(2) Il m'a été impossible de découvrir à quels personnages Coignet fait allusion. Ce sont peut-être deux des généraux qui partirent de Paris pour retrouver Napoléon. (Conf. H. Houssaye, *1815*, t. I, page 273.)

(3) *Cahiers du capitaine Coignet*, page 300.

(4) Id. Conf. *Souvenirs de l'abbé Fortin*, p. 201. Le préfet Gamot écrivait à l'abbé de Montesquiou, ministre de l'intérieur, le 27 novembre 1814 : « Dans tout le département, j'ai trouvé un égal degré d'amour, de respect et de soumission..., j'ai vu dans le retour du commerce et des échanges des signes non équivoques d'une confiance que rassurent encore l'ordre et la tranquillité publique. » (Arch. nat., F^{ie} III, Yonne,10.)

pelait les misères de l'invasion de l'année précédente (1), et
Napoléon, s'il réussissait à reconquérir son trône, n'allait-il
pas ramener avec lui la conscription et la guerre ? Mais l'entreprise était encore considérée, en général, comme une
échauffourée (2). Bonaparte, disait-on, est débarqué avec
mille ou douze cents hommes le 1ᵉʳ mars; le même jour, quinze
de ses grenadiers sont pris à Antibes et les officiers qui viennent les réclamer traités de même; ses canons sont amenés à
Grasse comme des trophées, sa flottille capturée.

On montrait les troupes et les gardes nationales à la pour-
suite des rebelles, leur retour en arrière n'était déjà plus possible et des forces imposantes allaient les prendre en tête
et les anéantir. Le comte d'Artois partait pour Lyon, le maréchal Ney, après avoir promis à Louis XVIII qu'il ramènerait
Bonaparte dans une cage de fer (3), passait à Auxerre (4), se
dirigeant sur Besançon, où il allait prendre le commandement
de son corps d'armée; il s'arrêtait chez son beau-frère, le préfet Gamot (5), et se prononçait hautement dans le sens de la

(1) En avril 1814, le baron d'Ulm, gouverneur général autrichien
de l'Aube, de l'Yonne et du Loiret, exigea le versement d'une contribution de 927.927 fr. 42 en deux termes, le 4 et le 9 mai. (Cette
contribution ne fut heureusement pas payée.) Les Autrichiens mal-
traitèrent et blessèrent, pendant l'occupation, d'inoffensifs habitants d'Auxerre.

(2) *Souvenirs de l'abbé Fortin*, p. 201.

(3) Déposition du duc de Duras et du prince de Foix à l'instruction et devant les Pairs (procès de Ney).

(4) Le comte d'Artois, se rendant à Lyon avec le duc d'Orléans,
prit la route de Nevers. (Arch. nat., F¹ᶜ III, Nièvre, 8.)

(5) Fils d'un négociant armateur du Havre, partit de bonne heure
pour les colonies; ruiné par la Révolution de Saint-Domingue, il
passa aux Etats-Unis et ne rentra dans sa patrie qu'après le
9 thermidor. Ayant fondé une maison de banque à Paris, il épousa
Mlle Antoinette Auguié, fille aînée d'Adélaïde Genet et de Pierre-
César Auguié, dont la sœur Eglé épousa, quelque temps après, le
général Ney. Après la rupture de la paix d'Amiens, Gamot fut
nommé administrateur des droits réunis. Préfet de la Lozère, puis
de l'Yonne, le 10 juin 1814, il fut laissé à ce poste par décret impérial du 6 avril 1815 et resta dans ses fonctions jusqu'au 28 juillet
(il avait été destitué par ordonnance du Roi du 14 juillet) et remplacé par le comte de Goyon. Il se consacra à la défense de Ney et
seconda les efforts de sa belle-sœur pour le défendre et le sauver;
ce fut lui qui rendit les derniers devoirs au maréchal. Profondé-

mission qu'il avait reçue de Louis XVIII (1). A ce moment, le
maréchal était sincère, il ne devait se rallier à Napoléon que
le 14 mars, à la nouvelle de la marche triomphante de l'Empereur et en présence des dispositions de ses troupes (2).

Le vendredi 10 mars, le 14ᵉ de ligne arriva d'Orléans, se
rendant à Moulins 'à la rencontre de Napoléon; par des mi-
racles d'énergie, le colonel Bugeaud (3) et le major Lespinette
le maintenaient dans le devoir, mais ils n'allaient pas tarder
à abandonner la cause du Roi. Le régiment fut dirigé sur
Avallon, les officiers et les soldats n'osaient alors manifester
ouvertement leur attachement à Napoléon. « Nous avons vu,
écrit l'abbé Fortin, des officiers qui ne paraissaient nulle-
ment enthousiasmés de ce retour, auquel cependant ils
avaient pris part. Un d'eux passait devant la porte de la
maison que nous habitions; salué par le cri de « Vive l'Empereur ! » poussé par un jeune homme monté à cheval, il

ment frappé par ces cruels événements, privé de la pension accordée
à tous les préfets réformés, dénoncé à la tribune de la Chambre,
Gamot dut, pendant quelque temps, s'éloigner de France. Il défendit la mémoire du maréchal dans une brochure sur la bataille de
Waterloo, en réponse à la relation de Gourgaud (1818), et s'occupa
dès lors à écrire l'histoire du maréchal, aidé des conseils du prince
d'Eckmühl et par ceux du général Foy; déjà une partie en était
rédigée quand une mort subite l'enleva à la reconnaissance de ses
neveux.

(1) *Souvenirs de l'abbé Fortin*, page 201.

(2) Conf. Coignet, p. 387 : « On disait que Ney allait pour arrêter
l'Empereur. Ça n'est pas possible, me dis-je, l'homme que j'ai vu
à Kowno prendre un fusil et avec cinq hommes arrêter les ennemis,
ce maréchal, que l'Empereur nommait son lion, ne peut mettre la
main sur son souverain; cela me faisait frémir. »

(3) Thomas-Robert Bugeaud de La Piconnerie, né à Limoges le
15 octobre 1784, mort le 10 juin 1849. Entra dans l'armée comme
simple soldat dans les vélites de la garde, le 29 juin 1804, et fit
à Fontainebleau, à Wimereux et à Austerlitz, un rude apprentis-
sage du métier militaire. En février 1806, il n'était encore que caporal et parlait quelquefois de quitter l'armée, mais, déjà remarqué
de ses chefs, il devint sous-lieutenant le 6 avril 1806, fit la campagne de Prusse et de Pologne. Blessé à Pultusk et nommé lieutenant le 21 décembre 1806, il prit part à la guerre d'Espagne et fut
promu capitaine en mars 1809. Il assista aux sièges de Lérida et de
Tortose (13 mai, 18 décembre 1810). Le maréchal Suchet, qui appré-
ciait particulièrement sa vigilance et sa vigueur, le décora et le
nomma chef de bataillon en mars 1811. Après de nouvelles actions

lui répondit d'un air impatient : « Mène ton cheval boire (1). »

Le même jour, le Conseil municipal se réunit. M. le président Sochet (2) déclara qu'en vertu d'une autorisation de M. le Préfet intervenue la veille, il avait, sur sa demande, convoqué extraordinairement le Conseil; il rappela : « les nouvelles affligeantes parvenues par le courrier de la veille », et engagea les membres du Conseil à adresser au Roi, tant en leur nom qu'au nom des habitants dont ils étaient l'organe légal, « la solennelle expression de leur fidélité et de leur dévouement pour Sa Majesté et pour l'auguste famille des Bourbons ». Le Conseil adopta cette proposition et l'adresse suivante fut votée à l'unanimité :

« Sire,

« A la nouvelle de la tentative insensée de Napoléon Bonaparte, le Conseil municipal et tous les habitants de la ville d'Auxerre ont été pénétrés de la plus profonde indignation.

« Depuis onze mois, la France respirait sous le gouverne-

---

d'éclat à Tarragone, à Ordal (1811-1813), Bugeaud reçut le commandement effectif du 14ᵉ de ligne (10 janvier 1814). Louis XVIII l'avait fait officier de la Légion d'honneur, l'Empereur le fit commandeur (8 mai 1815). Envoyé à l'armée des Alpes, il culbuta les Piémontais à Conflans et 10 jours après Waterloo, près de l'Hôpital en Savoie, mit en déroute complète, avec 1.700 hommes, toute une division autrichienne (28 juin 1815). Licencié en septembre 1815, il s'occupa d'agriculture sous la Restauration. Tout le monde connaît le reste de sa carrière. Bugeaud devint maréchal de France le 31 juillet 1843 et duc d'Isly en septembre 1844.

(1) Le régiment ne dépassa pas Avallon. Bugeaud écrivit au Ministre de la Guerre : « Je prends sur moi d'arrêter mon régiment à Avallon, je craindrais, si je n'avançais plus loin, que l'esprit des populations ne gâtât celui de mes soldats qui est resté très bon jusqu'ici. » (Houssaye, *1815*, I, page 367.)

(2) Antoine-Charles-Louis Sochet, né le 11 février 1766, notaire, adjoint à la Mairie, membre du collège électoral du département de l'Yonne, avait présenté au Roi l'adresse du Conseil municipal en date du 15 mai 1814, de concert avec Boniface Paradis, procureur du Roi près la Cour d'Assises, chevalier de la Légion d'honneur, et Marie-François-Camille Savary de Brèves, ancien colonel au régiment d'Enghien, chevalier de Saint-Louis. M. Sochet présidait la séance du 10 mars en l'absence du maire, M. Robinet de Malleville.

ment tutélaire et paternel de son souverain légitime; les malheurs de vingt-cinq années étaient presqu'effacés, l'aurore
de la paix commençait à luire pour le monde consolé et le
génie du bien semblait avoir entraîné le génie du mal.

« Quelles peuvent donc être les espérances de ce parjure
qui apparaît subitement au milieu de nous, le glaive dans
une main et la torche dans l'autre ? Croit-on qu'on ait oublié
que pendant deux lustres il n'a dominé sur la France que
pour en épuiser le trésor et pour en dévorer les générations ?

« Non, le peuple et l'armée ne balanceront jamais entre
l'homme qui a fait couler tant de larmes et de sang et un
Roi qui signale chacun de ses jours par de nouveaux bienfaits. La nation entière se ralliera constamment autour de ce
monarque sage et réparateur qui, dans sa charte immortelle,
a résolu le grand problème de la liberté politique et civile con-
ciliée avec la dignité du Trône et avec les convenances d'un
grand Etat. En déchirant lui-même le traité qui assurait son
existence (1), l'audacieux est descendu au rang des rebelles et
si quelques pensées coupables pouvaient encore se rattacher
à lui, elles vont bientôt ici s'évanouir.

« Quant à nous, Sire, *invariablement attachés à l'auguste
famille des Bourbons* par le respect et l'obéissance que nous
devons aux lois, attachés à Votre Personne sacrée par le lien,
plus puissant encore, de la reconnaissance et de l'amour, *nous
jurons de défendre votre couronne jusqu'à notre dernier soupir* (2). »

(1) Allusion faite au traité de Fontainebleau du 11 avril 1814.
Louis XVIII ne paya jamais la pension de deux millions qu'il devait verser à Napoléon; la mère de l'Empereur, ses frères et ses
sœurs ne reçurent pas un centime des pensions stipulées à l'article VI. Le gouvernement des Bourbons viola donc le premier le
traité de Fontainebleau; si Napoléon était resté quelques mois de
plus à l'île d'Ebe, il aurait été « pris par la famine » et forcé
de licencier sa petite armée.

(2) Registre des délibérations du Conseil municipal, séance du
10 mars 1815. Le Conseil arrêta : 1° Que le Président adresserait
expédition de la délibération et de l'adresse à Son Excellence le Ministre de l'Intérieur, en le priant de la mettre sous les yeux du
Roi; 2° qu'il serait également adressé des expéditions à M. le Préfet du département et au Sous-Préfet de l'arrondissement. Les
villes de Tonnerre, Joigny, Sens et Brienon envoyèrent des adresses
analogues. (Arch. nat., F1c III, Yonne, 10, Arch. de l'Yonne police
générale, M6, *Les Cent-Jours.*)

L'adresse au Roi fut signée par MM. Sochet, Thierriat de Millerelle (1), Hay (2), Duru, Paradis (3), Sutil (4), Baudoin, Lesseré-Maure (5), Mathieu-Goupilleau, Mérat-Guillot, Faurax fils, Savatier-Martot, Potherat-Gascoing, Delacour, Bazin (6), Soufflot, Rémond, Chardon, Deschamps (7), Monnot-Villetard, Philippe Lesseré (8), Deschamps de Saint-Bris, Leclère-Guilbaudon, Escalier, Heuvrard, Crété de la Barcelle et Cottin, conseillers municipaux (9).

Huit jours après, les membres du Conseil municipal rece-

(1) Germain Thierriat de Millerelle (17 mai 1747, 4 décembre 1825), ancien lieutenant-colonel d'infanterie, « officier de distinction ». (Arch. Nat., F⁴c III, Yonne, 3), proposé pour la présidence du collège d'arrondissement d'Auxerre en 1811.

(2) Hay-Lucy Edme-Marie-Germain, ancien officier, conseiller de préfecture. (Voir note 7, page 25.)

(3) Boniface Paradis, né le 8 septembre 1751, avocat, administrateur du département, procureur général syndic, puis juge de paix et président de la Cour de justice criminelle.

(4) M. Sutil, ingénieur en chef du département, chevalier de la Légion d'honneur, MM. Thierriat de Millerelle et Robinet de Malleville avaient été députés à Sens le 19 décembre 1814, à l'occasion du service funèbre du Dauphin et de la Dauphine, parents de Louis XVI. Ils présentèrent au comte d'Artois, venu à Sens pour la circonstance, « l'hommage des profonds respects des habitants d'Auxerre et le supplièrent de déposer aux pieds du trône leurs sentiments d'amour et de fidélité pour Sa Majesté Louis le Désiré, dont le règne fait leur bonheur. »

(5) Claude-Henry Lesseré (1773-1851) avait épousé Marie-Laurence Maure, fille du conventionnel, en vendémiaire an VI. Il fut conseiller municipal pendant de longues années, juge au Tribunal de commerce, puis président en 1822-1823 et 1830-1831.

(6) M. Bazin, avocat, s'était cependant constamment montré dévoué à Napoléon. Il avait deux fils à l'armée, d'un y mourut, l'autre était sous-lieutenant. Un troisième fils partit volontairement et sans appel dans la garde nationale d'élite pendant les Cent Jours. (Gamot à Carnot, 16 mai 1815, Arch. nat., F⁴c III, Yonne, 3.)

(7) Edme-Prix Deschamps, né le 22 septembre 1735, notaire, membre du collège électoral de l'arrondissement d'Auxerre-Est.

(8) Jean-Philippe Lesseré, directeur des Messageries à Auxerre, mort le 7 mai 1835, épousa Madeleine Lesseré, morte le 4 mai 1835.

(9) Le 8 mars 1815, à l'occasion de la prestation de serment des nouveaux membres du Conseil municipal, M. Sochet avait prononcé le discours suivant : « Aujourd'hui que la France n'est plus qu'une

vaient Napoléon à la porte de la ville, et le maire, M. Robinet de Malleville, complimentait le César triomphant ! N'est-ce pas le cas de dire *sic transit...*

Le commissaire de police Sotiveau de Richebourg lut par toute la ville l'ordonnance du Roi, déclarant Napoléon traître et rebelle et terminait sa lecture par les cris de : « A bas Bonaparte ! Vive le Roi ! » que répétait son escorte; les demi-soldes étaient au désespoir (1).

Le Préfet faisait preuve de beaucoup de zèle pour les Bourbons; le 10 mars, il faisait suspendre le maire de Voutenay, Tripier, et emprisonner à Avallon deux habitants de la même commune, « dont les propos dangereux sur Buonaparte méritent répression » (2). « Si quelques turbulents se montrent, écrivait-il au Ministre de l'Intérieur, j'en rendrai bon compte. Mes chevaux sont sellés et mes mesures prises pour que l'ordre ne puisse être troublé (3). »

Cependant, malgré tous les préparatifs faits contre eux, « les rebelles » paraissaient voyager assez tranquillement et

grande famille réunie sous l'autorité d'un père, vous avez l'assurance que vos demandes pour des allègements équitables parviendront jusqu'aux pieds du trône... C'est par le serment d'être fidèle à ce monarque auguste que vous allez préluder à l'exercice de vos fonctions; déjà ce serment est écrit dans vos cœurs, et quel Français pourrait refuser son dévouement et son amour à ce digne fils de Henri IV que le Ciel, après tant d'années, semble ne nous avoir rendu que pour tarir toutes les larmes, fermer toutes les plaies, réconcilier tous les partis comme toutes les opinions et pour offrir au monde ce spectacle si rare dans l'Histoire, le spectacle touchant de la puissance unie à la sagesse et à la bonté? » (Registre des délibérations du Conseil municipal, séance du 8 mars 1815.)

La formule du serment au Roi était la suivante : « Je jure et promets à Dieu de garder obéissance et fidélité au Roi, de n'avoir aucune intelligence, de n'assister à aucun Conseil, de n'entretenir aucune ligue qui serait contraire à son autorité, et si, dans le ressort de mes fonctions ou ailleurs, j'apprends qu'il se trame quelque chose à son préjudice, je le ferai connaître au Roi. » La plupart des conseillers municipaux signèrent en juillet l'adresse des habitants d'Auxerre à Louis XVIII. (Voir appendice X.)

(1) Coignet, p. 387. Le commissaire de police devait signer le 18 mars l'adresse à l'Empereur. L'ordonnance du Roi fut affichée dans toutes les communes du département. (Appendice V.)

(2) Gamot à Dandré, directeur général de la police, 10 mars. Arch. Yonne, pol. générale, M⁰, *Les Cent-Jours.*

(3) Gamot à Montesquiou, 10 mars. (Voir l'appendice V.)

faisaient régulièrement onze à quinze lieues par jour. Vers le
12 mars, les journaux commencèrent à laisser entrevoir qu'il
y avait quelques traîtres et les autorités furent bientôt im-
puissantes à dissimuler les nouvelles. Le comte de Beaumont,
inspecteur général de la police, passa par Auxerre, venant de
Lyon, et apporta au Préfet des nouvelles d'une extrême gra-
vité : le 10, Napoléon était entré à Lyon, que le comte d'Artois et le maréchal Macdonald n'avaient pu défendre; le 14,
il était à Tournus et à Chalon-sur-Saône, où flottaient depuis
le 12 les drapeaux tricolores; le 15, il vint coucher à Autun.
Selon l'expression d'un historien de Napoléon, « la monarchie croulait comme un château de cartes » (1). Un poste,
composé de deux sous-officiers et de deux gendarmes, était
établi en permanence à la porte du pont; ce poste, « connu
par son attachement à la cause du trône, de l'ordre et des
lois », avait pour mission de surveiller tous les voyageurs civils et militaires, devait conduire à la mairie les « bourgeois »
qui n'auraient pas de papiers en règle et devant M. le Maréchal de camp les militaires non porteurs de feuilles de
route (2). En exécution de l'ordonnance du Roi du 11 mars,
les conseillers généraux furent convoqués extraordinairement à Auxerre « pour rester en séance permanente en exécution des mesures de salut public prescrites par Sa Majesté » (3). Le 15, le Préfet fit appel à tous les hommes de
bonne volonté pour « le salut de la Patrie et la défense du
Trône »; j'ai lieu de croire, écrivait-il aux Ministres de l'Intérieur et de la Guerre, que le zèle des habitants de ce département et leur attachement pour Sa Majesté se manifesteront
d'une manière positive dans cette circonstance »; mais, par
mesure de prudence, il mandait en même temps à tous les
comptables publics de se tenir prêts à se retirer au premier
signal. M. le maréchal de camp Boudin (4), commandant le

<hr>

(1) H. Houssaye, *1815*, t. I, p. 323.

(2) Sochet à Gamot, 11 mars; Sonelat, lieutenant de gendarmerie
à Gamot, 12 mars. Arch. de l'Yonne, pol. générale, Mᶜ, *Les Cent-
Jours*.

(3) Gamot aux membres du Conseil général, 14 mars. Arch.
Yonne, M ᶜ, *Les Cent-Jours*.

(4) Boudin de Roville, né à Avallon le 21 décembre 1772, était lié
avec le maréchal Davout; il entra dans l'armée en avril 1794, dans
le 14ᵉ régiment de chasseurs à cheval. En 1813, il était colonel du
114ᵉ de ligne et prit part aux batailles de Lutzen, de Leipzig, où il
fut blessé, et de Hanau. Général de brigade en 1814, il défendit, avec

département de l'Yonne, au nom de Sa Majesté Louis XVIII, apprenant, le 15, la marche de Napoléon sur Paris, envoya aussitôt à Avallon un de ses aides de camp porter au 14ᵉ de ligne l'ordre de rétrograder, mais cet officier y trouva le général Ameil (1) qui avait déjà réussi, de concert avec le général Girard (2), à « corrompre ce régiment ». Ameil, envoyé à Lyon pour faire partie de l'armée du comte d'Artois, s'était placé avec enthousiasme sous les ordres de Napoléon après son entrée triomplale dans la seconde ville de France; il reçut du maréchal Bertrand la mission de se rendre à Montereau, d'y prendre le commandement du 6ᵉ de lanciers, régiment de Berry (3), et de former l'avant-garde (4).

une poignée d'hommes électrisés par son exemple, le pont de Dieuville près de La Rothière et fut blessé à Montmirail (11 février). Il se rallia aux Bourbons qui le confirmèrent dans son grade et l'envoyèrent commander le département de l'Yonne. Au début de la Restauration, Boudin remarqua l'hostilité des populations contre le nouveau régime et écrivit, en mai 1814, au ministre de la guerre Dupont : « Les campagnes et une grande partie des villes sont en opposition avec les amis du Roi. » Créé baron par Louis XVIII le 10 février 1817, en récompense de sa fidélité, il mourut, le 11 août 1838, commandeur de l'ordre royal de Saint-Louis, grand officier de la Légion d'honneur et chevalier de l'ordre de la Couronne de fer. Il passait tous ses étés au château des Plannats, près d'Avallon.

(1) Ameil (1775-1822) avait été mis en non-activité le 13 février 1815. Le 5 mars, en rentrant le soir du spectacle, on lui remit un billet ainsi conçu : « L'Empereur a débarqué sur la côte de Provence, voyez ce que votre dévouement vous inspirera pour sa personne et la gloire de la Patrie. Le lendemain, Soult lui envoya l'ordre de se rendre à Lyon.

(2) Envoyé en avant par Napoléon, Girard fut créé pair de France le 2 juin 1815 et mourut des blessures reçues à Ligny (16 juin).

(3) Ainsi nommé parce que le duc de Berry était colonel-général des lanciers et chasseurs à cheval; le duc d'Angoulême était colonel-général des cuirassiers et dragons.

(4) Le 6ᵉ de lanciers avait déjà envoyé une députation d'officiers à Napoléon qui comptait sur lui; il était commandé par le colonel Galbois. Lorsqu'arriva l'ordre du Roi de faire sauter le pont de Joigny, le colonel s'y opposa en disant fièrement : Je le garde pour l'Empereur. (Bourrienne, correspondance de Hambourg, n° 56, 8 avril 1815.) Galbois fut nommé commandeur de la Légion d'honneur quelques jours après, en récompense de sa fidélité aux aigles impériales.

Passant le lendemain 16 en chaise de poste à Auxerre, Ameil entreprit imprudemment de gagner le général Boudin à la cause de Napoléon; à la faveur de son uniforme de général, couvert d'une lévite bleue et de son sabre de cavalerie légère (1), il pénétra vers 11 heures du matin dans le cabinet de travail du commandant du département et lui déclara qu'il commandait la cavalerie légère de l'avant-garde impériale, que tout était perdu pour les Bourbons, le maréchal Ney s'étant déclaré pour Napoléon avec toutes ses troupes. L'Empereur arriverait le lendemain à Auxerre. « Sans doute, général, nous sommes ici des gens d'honneur, nous avons fait serment au Roi et nous ne savons pas ce que c'est que d'y manquer; d'ailleurs, que voulez-vous faire ici, nous troubler, nous bouleverser de nouveau ? Nous sommes heureux et tranquilles et nous ne voulons pas de Bonaparte. Quel est votre dessein ? — Je vais chercher les lanciers de Joigny. — N'espérez pas, général, que je vous laisse exécuter vos projets. — En ce cas, je suis votre prisonnier (2). » Pendant que le général Boudin allait chercher les gendarmes du capitaine Tourta, Ameil, bien que maintenu par les deux aides de camp, était parvenu jusqu'à la porte où il fut arrêté par quatre gendarmes. On trouva sur lui une grande quantité de proclamations de Napoléon et de lettres. M. de Bongard, inspecteur général des Postes, et Augustin, officier des chevau-légers de la maison du Roi, qui partaient pour Paris, se chargèrent d'escorter le prisonnier (3).

Boudin comprit que tout était perdu pour la cause royale, il fit ses préparatifs de départ et partit à cheval (4) avec le capitaine Tourta et ses gendarmes, non sans inquiétudes sur le sort de Mme Boudin et de ses quatre enfants qu'il laissait à Auxerre.

La ville était silencieuse; l'abbé Fortin raconte que, vers le soir, les enfants en sortant du catéchisme, à peine hors de

______

(1) Le Clerc de Fourolles, *Notes généalogiques sur une ancienne famille d'Auxerre*, page 86.

(2) *Mémoires de Boudin de Roville*, cités par Le Clerc de Fourolles, p. 86.

(3) Clartre, duc de Feltre, ministre de la guerre depuis la démission de Soult le 11 mars, fit enfermer Ameil à l'Abbaye, mais il s'en échappa le 20 mars, deux heures après que le drapeau tricolore eût été arboré sur les Tuileries.

(4) Le Clerc de Fourolles, loc. cit.

l'église, se mirent à crier : Vive l'Empereur ! en se répandant
sur la place Saint-Etienne; depuis le départ du commandant
du département, les royalistes ne pouvaient conserver d'illu-
sions : « l'ogre de Corse » allait arriver; dans la soirée, les
cris de « Vive l'Empereur ! Vive Napoléon ! » (1) retentirent
sur la route de Saint-Bris : c'était le 14ᵉ de ligne qui revenait
d'Avallon et entrait dans la ville; ce vieux régiment des
guerres d'Italie et d'Espagne formait l'avant-garde de l'Empereur, les cocardes tricolores avaient remplacé les cocardes
blanches et le colonel Bugeaud venait prendre possession
d'Auxerre au nom de Napoléon (2); les officiers annonçaient
son arrivée pour le lendemain 17.

Cette nouvelle se répandit en un instant, les habitants sor-
tirent de leurs maisons, se réunirent en grand nombre aux
troupes et mêlèrent leurs acclamations à celles des militaires (3); le colonel Bugeaud prit possession de l'Hôtel de
Ville (4) et ordonna au Maire de faire annoncer l'arrivée de
l'Empereur et celle de ses troupes par une proclamation; les
soldats allèrent chercher le commissaire de police Sotiveau de
Richebourg qui, quelques jours auparavant, lisait l'ordonnance du roi déclarant « Buonaparte » traître et rebelle et
le forcèrent à parcourir les rues en annonçant l'arrivée de Sa
Majesté l'Empereur des Français et en criant à tue-tête : Vive
l'Empereur ! Le 14ᵉ de ligne escortait le malheureux commissaire en portant des torches dont les flammes vacillantes
éclairaient cette scène qui ne manquait ni de pittoresque ni

(1) *Journal du département de l'Yonne*, 20 mars 1815. Auxerre,
imp. Fournier.

(2) Coignet, p. 387; cf. Fabry, *Itinéraire de Buonaparte*, p. 210;
Journal de l'Yonne. Le 21 août 1814, le 14ᵉ de ligne avait envoyé
au Roi l'adresse suivante :

« Sire, les officiers et soldats de votre 14ᵉ régiment d'infanterie
de ligne attendaient avec la plus grande impatience leur nouvelle
organisation qui vient d'être terminée par les soins de M. le lieu-
tenant-général Dupont-Chaumont, pour renouveler un sentiment
déjà gravé dans tous les cœurs, celui d'être fidèle à Votre Majesté
jusqu'à la mort. Vous trouverez toujours en nous, Sire, des sujets
entièrement dévoués à la Patrie et au souverain qui en est le père.

« Orléans, le 21 août 1814. »

(Suivent les signatures.)

(3) *Journal de l'Yonne*, 20 mars 1815.

(4) Coignet, loc. cit.

de saveur; les demi-soldes étaient dans la joie et « se dila-
taient la rate ».

La maison du général Boudin fut envahie par la troupe qui
le cherchait partout et voulait, dans son enthousiasme pour
l'Empereur, le fusiller sans retard (1). Le régiment tout entier dut boire gaiement à la santé du « camarade la Violette »,
car c'est ainsi que tous les soldats appelaient en France celui
qu'à l'île d'Elbe ses grenadiers nommaient Jean de l'Epée.

*
*   *

Napoléon, qui avait appris à Autun la défection du maréchal Ney (2), était à Avallon depuis quatre heures de l'après-
midi; sur la route, les habitants l'avaient acclamé avec enthousiasme (3). Le général Girard était dans cette ville depuis
le 14 mars (4); le 16, dès neuf heures du matin, il envoya au
maire, M. Raudot (5), les proclamations de Napoléon datées
du golfe Jouan, avec l'ordre de les publier et de les faire afficher; le maire refusa en donnant pour prétexte qu'ayant prêté
serment au Roi il ne pouvait reconnaître Napoléon comme
Empereur; après deux sommations faites par des officiers, il
consentit cependant à se rendre à l'hôtel de la Poste où était
descendu l'Empereur, il était accompagné du sous-préfet Bar-
jaud-Dessignes et du commissaire de police (6). Les détails de

(1) Le Clerc de Fourolles, p. 87. Le général Ameil, comprenant à
quels dangers pouvait être exposée la famille du maréchal de
camp, avait écrit à Mme Boudin de Roville une lettre où il reconnaissait qu'il n'avait pas été maltraité.

(2) Ce fut le baron Passinges, officier d'ordonnance de Ney, qui
apporta à Autun l'adhésion du maréchal. (Ch. Boell, *Autun en* 1815,
p. 19.)

(3) Peyrusse, *Mémorial*, p. 298. « Sa Majesté trouva sur la route
d'Avallon les mêmes sentiments que dans les montagnes du Dauphiné. » Conf. Montholon, Fleury de Chaboulon.

(4) Fabry, page 209.

(5) Nommé membre de la Chambre des députés en 1815, sous la
deuxième Restauration.

(6) Toute la municipalité d'Avallon était royaliste et pas un conseiller municipal ne se présenta devant Napoléon. M. Barjaud-Des-
signes fut remplacé, à titre provisoire, le 14 mai par M. Vaury,
puis par M. Gauthier le 10 juin. Il reprit ses fonctions après les
Cent-Jours.

cette entrevue sont consignés dans l'intéressante brochure que fit paraître en 1833 M. Raudot fils (1), plus tard député de l'Yonne. Napoléon voulut expliquer tout au long les raisons de son retour et présenter la justification de son triomphe. « Je rentre en France où j'ai mon armée, partout elle reçoit mes ordres et y obéit... J'espère bien qu'il n'y aura pas un seul coup de fusil de tiré. Le maréchal Ney m'a amené ses troupes, vous verrez sa proclamation, elle est fort bien faite... (2). Le peuple m'accueille partout comme un libérateur. » En sortant de la chambre où Napoléon donnait audience, le maire d'Avallon remit sa démission au général Bertrand, grand-maréchal du palais, faisant fonctions de major-général (3). Après avoir passé la nuit à l'hôtel de la Poste (4), où « les femmes les plus distinguées d'Avallon guettaient son passage dans les escaliers et les couloirs » (5), le revenant de l'île d'Elbe partit dans la matinée du 17 pour Auxerre (6) : il était en calèche, courant la poste presque seul, suivi d'une faible escorte de ses lanciers polonais qui s'étaient montés en route avec les chevaux qu'ils avaient pu se procurer (7). Le cheval de l'Empereur, Tauris (8), était conduit par la bride

(1) *Une heure des Cent-Jours.* Avallon, imp. Comynet, 1833.

(2) Cette proclamation avait été faite par l'Empereur lui-même. (Chambre des Pairs, procès du maréchal Ney, déposition du maréchal.) Voir l'appendice IV.

(3) Le Maire d'Avallon n'était pas venu au-devant de l'Empereur, il le fit appeler; c'était un homme timide. Sur la demande des habitants, il nomma un autre Maire en recommandant qu'il ne fut fait aucun mal à l'ancien. (*Correspondance de Napoléon Ier*, tome 31, p. 86.) M. Raudot fut remplacé par le baron Nérin qui porta à l'Empereur, le 30 mai, l'adresse du Conseil municipal d'Avallon.

(4) Fabry, page 188.

(5) Fleury de Chaboulon, p. 238.

(6) Fabry, *Itinéraire*, page 188, commet une erreur en plaçant l'heure du départ à midi; d'après Montholon, le départ eut lieu de bonne heure. Cette version est exacte, puisque Napoléon put déjeuner à Vermenton et arriver à 2 heures à Auxerre. (*Itinéraire de l'île d'Elbe à Rochefort*, page 52.)

(7) Lieutenant Monier, *Une Année de la Vie de Napoléon*, pp. 175 et suivantes.

(8) Tauris, cheval de l'Empereur, qui le porta au retour de l'île d'Elbe, du golfe Jouan à Paris, cheval blanc persan, d'une merveilleuse finesse de formes, d'un gris blanc argenté, légèrement pom-

par un lancier polonais; à l'approche du cortège impérial, toute la population des campagnes se précipitait à sa rencontre avec des drapeaux et des cocardes tricolores; hommes, femmes et enfants accouraient sur la grande route, faisaient retentir les airs des cris de « Vive l'Empereur ! » et d'expressions qui ne témoignaient que trop combien l'impudence des royalistes avait exaspéré cette classe laborieuse et respectable de cultivateurs, soulevée d'indignation à la seule idée du retour des dîmes et du servage féodal (1); car avec Napoléon, c'est la Révolution qui triomphe à nouveau (2).

Les chansons improvisées par les populations à l'occasion du retour de l'aigle s'étaient répandues comme une traînée de poudre; elles sont innombrables. Napoléon prétendit qu'il en fut composé plus de 3.000 (3), et le refrain de la plus populaire :

Roule ta boule
Roi Cotillon,
Rends la couronne à Napoléon.

retentit plus d'une fois sur la route d'Auxerre aux oreilles du revenant impérial.

Après s'être arrêté pour déjeuner à Vermenton (4), où il

---

mêlé, à crinière blanche, queue effilée, acheté en Russie 1.260 fr. par le piqueur Laravine le 31 décembre 1909. Napoléon l'avait monté aux batailles de la campagne de Russie, à Witepsk, à Smolensk, à la Moskova, et était rentré sur lui dans Moscou. Cette jolie bête l'avait ramené durant preque toute la terrible retraite, elle le portait le matin où il faillit être enlevé par les Cosaques, le 25 octobre, sur la route de Kalöuga. Elle fut en Saxe, à Dresde, à Leipzig et fit la campagne de France. L'Empereur monta Tauris à Waterloo. Avant de partir pour Sainte-Hélène, il le confia à la Malmaison aux soins d'un de ses écuyers, M. de Montaran. Tant que vécut Tauris, M. de Montaran l'emmenait par la bride, chaque matin, place Vendôme et lui faisait faire le tour de la colonne. (Gruyer, *Napoléon, roi de l'île d'Elbe;* F. Masson, *Napoléon à cheval,* Sellier Vincent, p. 219.)

(1) Lieutenant Monier, loc. cit., Peyrusse, p. 298.

(2) Les proclamations de Napoléon aux habitants du Var, des Hautes et Basses-Alpes et de l'Isère commencent par ces mots : « Citoyens. » A Lyon et à Chalon, le peuple criait : A bas les prêtres, à mort les royalistes, à l'échafaud les Bourbons ! (H. Houssaye, *1815,* t. I, p. 264.) Voir à l'appendice les décrets de Lyon (II).

(3) Raudot, *Une heure des Cent-Jours.*

(4) Laborde, *Napoléon et sa garde,* page 116; Peyrusse, *Mémorial,* p. 298; Fleury de Chaboulon.

trouva le préfet Gamot (1) et le sous-préfet de l'arrondissement d'Auxerre Audibert (2), venus à sa rencontre, l'Empereur remonta en voiture et continua sa route, salué des « Vive
l'Empereur » (3) de la population et des acclamations en-
thousiastes des troupes qu'il dépassait.

*

* *

A Auxerre, tout annonçait, dès le vendredi 17 au matin,
l'arrivée de l'Empereur; plusieurs courriers arrivèrent, un
aide de camp descendit à la Préfecture et prescrivit de tout
préparer pour recevoir le maître qui arriverait dans l'après-
midi. Les bustes de la famille des Bourbons (4) disparurent

(1) *Journal de l'Yonne*, 20 mars. Suivant la relation officielle du
retour de l'île d'Elbe, Gamot « resta fidèle à son poste » et « tint
un discours fort énergique », dont il m'a été impossible de retrouver le texte. Le discours fut prononcé soit à Vermenton, soit à
l'entrée à Auxerre. A Sainte-Hélène, Napoléon dit un jour à Gourgaud : « Gamot se conduisit comme un plat. » (*Journal de Gourgaud*, t. I, p. 49.) Le préfet de l'Yonne, fait officier de la Légion
d'honneur par le comte d'Artois, avait humblement sollicité la décoration du Lys à l'occasion du passage de la duchesse d'Angoulême à Auxerre. (Arch. de l'Yonne, pol. générale, M⁶.)

(2) Par décret impérial du 26 décembre 1809, l'administration de
l'arrondissement chef-lieu avait été confiée à M. Charles-Bernard
Audibert, né le 26 juin 1777, auditeur au Conseil d'Etat faisant
fonctions de sous-préfet (il n'entra en fonctions que le 14 janvier
1811 et resta jusqu'au 2 août 1815). L'ordonnance du 21 septembre
1815 a supprimé les sous-préfets des chefs-lieux de départements.
(Cf. Antoine, *La Sous-Préfecture d'Auxerre.*) M. Audibert était en
1804 chef du secrétariat de la Préfecture, membre du collège électoral du département et sous-lieutenant de la garde nationale; il
fut député en cette qualité à Paris pour assister au couronnement
de l'Empereur. (Arch. nat., F¹ᶜ III, Yonne 10.)

(3) Les habitants de l'Yonne prononçaient : Vive l'Empaireur !

(4) Le buste de Louis XVIII avait été placé dans la salle du Conseil général (au rez-de-chaussée de la Préfecture) : « Le premier
vœu qu'exprime le Conseil est d'obtenir le buste de Sa Majesté pour
principal ornement de la salle de ses délibérations et que M. le
Préfet soit autorisé à prendre les fonds nécessaires sur les 45 centimes additionnels. (Registre des délibérations du Conseil général du 15 octobre 1814.) L'écusson royal peint sur le fronton de
l'Hôtel de Ville fut effacé et remplacé par l'aigle impériale. Ce-

comme par enchantement et furent remplacés par ceux de
Napoléon, de l'Impératrice et du Roi de Rome; plusieurs voitures s'arrêtèrent à la Préfecture, il en descendit des généraux et des maréchaux de logis (1) qui donnèrent des ordres
pour la réception qui devait avoir lieu aussitôt après l'arrivée
du César triomphant.

La population accourut sur la route de Saint-Bris au-devant
du cortège impérial (2). Vers deux heures de l'après-midi (3),
cinq voitures apparurent sur la route : la voiture où se trouvaient le préfet Gamot et le sous-préfet Audibert venait en
tête (peut-être Gamot songeait-il que moins de six mois auparavant (4) il accompagnait sur cette même route la duchesse d'Angoulême venant d'Avallon à Auxerre), ensuite la
voiture du général Drouot, puis celle de l'Empereur qui voyageait avec le grand maréchal Bertrand (5); elle était escortée
de lanciers polonais, armés de lances aux flammes
rouges et blanches, coiffés d'élégants czapski cramoisis aux
plumets en plumes d'autruche, vêtus de kurtkis bleu turquin
avec revers cramoisis et montés sur des chevaux revêtus de
schabraques bleues; les colonels Jermanowski et du Champ,
le capitaine d'artillerie Raoul galopaient aux portières; une
quatrième voiture portait les deux secrétaires du cabinet, Rathery et Fleury de Chaboulon; dans la dernière, se trouvaient
M. le premier valet de chambre Marchand, le deuxième valet
de chambre Jaillis, le géant suisse Noverraz et l'Elbois Gentilini, chasseurs de l'Empereur (6).

pendant, l'écusson qui était placé sur la flèche de l'horloge n'avait
pas encore disparu quand Napoléon entra à Auxerre; on y substitua une aigle. Un bonnet rouge fut aussi placé sur la flèche du
clocher de Saint-Germain. (Arrêté de M. Chardon, maire d'Auxerre,
du 28 août 1815. Arch. de l'Yonne, police générale, M^{6}, *Les Cent-Jours.*)

(1) *Journal de l'Yonne.*
(2) Coignet, page 388.
(3) *Journal de l'Yonne.*
(4) Le 14 août 1814. Le duc et la duchesse, en revenant de visiter le Midi, devaient passer à Auxerre le 11 mai 1815. (Arch. de
l'Yonne, Intérieur à Gamot, 9 février 1815.) Les événements dérangèrent leurs projets.
(5) Les frais de poste de Napoléon, de Lyon à Paris, s'élevèrent
à 6.750 francs. (Peyrusse, *Mémorial*, page 308.)
(6) Montholon, Fleury de Chaboulon. Le Mameluk Ali était, soit
sur le siège de la voiture de l'Empereur comme au départ d'Au-

Napoléon, déjà très satisfait de la conduite de Gamot (1),
eut tout lieu de se réjouir de l'attitude des autorités de sa
bonne ville d'Auxerre : le Corps municipal tout entier, ayant
à sa tête le maire, M. Robinet de Malleville (2), se trouvait à
l'entrée du faubourg Saint-Gervais; la voiture de l'Empereur
s'arrêta, le maire présenta probablement les clefs de la ville
et complimenta celui qu'on appelait, huit jours auparavant,
« le parjure ». Sa Majesté l'Empereur des Français adressa
quelques mots de remerciements, et sa voiture s'ébranla aux
acclamations d'une foule considérable qui se pressait sur son
passage, maintenue par la garde nationale formant la haie (3).

Les Auxerrois contemplaient avec curiosité le monarque
qui avait fait trembler l'Europe et que la plupart voyaient
pour la première fois (4); l'enthousiasme paraît avoir été

xerre, soit dans la voiture des chasseurs. Marchand était le fils de
la première berceuse du Roi de Rome; comme Gentilini, Noverraz et
Ali, il accompagna Napoléon à Sainte-Hélène. Ses mémoires sont
encore inédits.

(1) Gamot fut le premier préfet qui vint à sa rencontre depuis
le débarquement du golfe Jouan.

(2) *Journal de l'Yonne*, 20 mars 1815. M. Robinet de Malleville,
décoré de la Légion d'honneur par le comte d'Artois le 21 décembre
1814, fut remplacé en avril 1815 par Jacques Maure, négociant
(fils aîné du Conventionnel), né le 16 août 1770, mort le 12 décembre 1835. Il reprit momentanément ses fonctions après la
chute de Napoléon, en juillet 1815. (Voir appendice IX.) Robinet de
Malleville avait servi comme volontaire dans les armées de la République, au commencement de l'Empire; il fut nommé maire de
Branches, près de Joigny, et en septembre 1812, M. Rougier de
La Bergerie, préfet de l'Yonne, l'installait à la Mairie d'Auxerre. Il
était le frère du conseiller de préfecture, Robinet de Pontagny, ancien maire d'Auxerre.

(3) H. Houssaye écrit (*1815*, t. I, page 317) que le 14e de ligne
présentait les armes à l'Empereur au moment de son entrée à
Auxerre. L'éminent académicien fait sans doute allusion à la revue
du 14e sur la place Saint-Etienne ou au passage de Napoléon sur
la place lorsqu'il se rendit à la Préfecture.

(4) Napoléon, allant à Toulon surveiller les derniers préparatifs de l'expédition d'Egypte, s'était arrêté quelques instants à Auxerre, le 4 mai 1798. Le 6 mai 1800, partant pour la seconde campagne d'Italie, accompagné de Bourrienne, après avoir déjeuné à
Sens chez les parents de son secrétaire, le premier Consul traversa
rapidement Auxerre et coucha le soir à la Sous-Préfecture d'Avallon. (Schuermans, *Itinéraire général de Napoléon Ier*.)

très grand (1). Un témoin oculaire, le docteur Robineau-Desvoidy, écrivait le 20 mars 1829 dans le « *Mémorial de
l'Yonne* » : « Toute la population (2) se levait comme un seul
homme et battait des mains à l'aspect de celui que la Providence semblait n'avoir abaissé que pour le montrer plus
grand. La cocarde nationale à la main, je criais aussi de toute
l'effusion de mes jeunes poumons : Vive l'Empereur ! Mon
œil avait déjà vu les hordes du Nord défiler sous la célèbre
colonne, j'avais pleuré sur les cadavres des derniers Français
tués devant Paris. Vive l'Empereur ! ce cri pour moi lavait
désormais l'affront de la Patrie et cicatrisait ses cuisantes
blessures, tant de braves le répétaient, tant de magistrats
s'enorgueillissaient de l'avoir retrouvé. »

Le cortège passa le pont d'Auxerre, prit la rue du Pont, la
rue du Grand-Renard, la petite rue de Paris, la rue Maison-
Fort et déboucha place Saint-Etienne, où le 14ᵉ de ligne était
probablement déjà rangé en bataille (3); après avoir traversé
la place du Département, il arriva à la Préfecture.

La porte principale était, depuis 1810, située sur la place
du Département (4); la voiture de l'Empereur pénétra dans
la grande cour (5) et s'arrêta devant l'ancien palais épiscopal.
Napoléon descendit de voiture, il était devenu presqu'obèse,
ses épaules étaient ramassées, son dos un peu voûté, son cou

(1) Conf. Fabry, Fleury de Chaboulon, Montholon, Peyrusse. Le
royaliste Fabry qualifie de « triomphante » l'entrée à Auxerre.
Le passage de l'Empereur impressionna vivement les jeunes Auxerrois. M. Ambroise Challe, poussé par un acte d'enthousiasme
patriotique incroyable à son âge, il n'avait que 16 ans, s'échappa
du collège et fit la campagne de l'armée de l'Est commandée par
Lecourbe. (Voir *Bulletin de la Société des Sciences*, 1880 : la campagne des frontières du Jura.)

(2) La population d'Auxerre était, en 1815, de 12.047 âmes. (*Al-
manach Royal*, 1814-1815.)

(3) H. Houssaye, p. 317.

(4) La porte de la rue du Département était tellement dégradée
en 1805, et d'un accès si difficile, que le maréchal Davout, qui
était venu présider le collège électoral, y avait vu sa voiture arrêtée pendant plus d'un quart d'heure; la construction de la porte
actuelle, réclamée dès l'an II, ne fut effectuée qu'en 1810. (Lechat,
la Préfecture, *Annuaire de l'Yonne*, 1847; Antoine, *Bulletin de la
Société des Sciences*, 1908, 2ᵉ semestre.)

(5) A droite de la porte de la rue du Département se trouvait
le bâtiment que l'on voit encore aujourd'hui et dont le rez-de-

enfoncé entre les épaules, son teint jaune (1). Il portait l'uniforme des chasseurs à cheval de la garde, petit habit vert (2), avec l'étoile de la Légion d'honneur, la décoration de la Couronne de fer (3) et les épaulettes de colonel, gilet blanc, culotte en casimir, la redingote grise (4) déjà légendaire et le chapeau sans galons orné seulement d'une cocarde tricolore; l'épée d'Austerlitz était à son côté (5). Traversant la salle des Pas-Perdus, il pénétra dans les appartements du premier.

Ces appartements, qui allaient abriter pendant deux jours l'ancien maître de l'Europe, étaient en pleines réparations et le mobilier était assez primitif (6); mais si l'ameublement du

chaussée est occupé par le concierge; à gauche, s'élevait un autre bâtiment occupé par le district sous la Révolution et dans lequel sont placées aujourd'hui les Archives de l'Yonne; les chambres de domestiques se trouvaient au rez-de-chaussée de ce bâtiment. Comme les écuries et remises étaient insuffisantes, les voitures de Napoléon et de sa suite furent remisées en ville, mais il m'a été impossible de découvrir en quel endroit. (Conf. Gamot, *Compte rendu des établissements publics.*)

(1) A. Cabanès. *Indiscrétions de l'Histoire,* tome III, p. 242. Conf. Lombroso, *Lord Rosebery* (la dernière phase).

(2) Uniforme des chasseurs à cheval de la garde : drap vert, revers en pointe, doublure du même drap, collet et parements (en pointes) rouges; pattes d'oie dans les plis, vertes, liserées de rouge, boutons à la hussarde portant un aigle couronné (cependant l'habit conservé au musée de Sens a des boutons ronds et unis). F. Masson, *Napoléon chez lui,* page 95.

(3) Il avait reçu à Milan la Couronne de fer des anciens rois Lombards, le 26 mai 1805, après avoir accepté la monarchie héréditaire d'Italie que lui avait offerte la République cisalpine.

(4) Napoléon adopta la tenue de colonel des chasseurs à cheval vers 1802, et la redingote grise au camp de Boulogne en 1804.

(5) Epée faite par Biennais, orfèvre de Napoléon, longue de 86 centimètres; la garde est en or ciselé; au milieu de la poignée, la tête d'Alexandre; sur la coquille, la tête de César; au quillon, une tête de lion. Napoléon avait fait graver sur la lame : Epée que portait l'Empereur à la bataille d'Austerlitz, 1805. Léguée par l'exilé de Sainte-Hélène au duc de Reichstadt, qui ne la reçut jamais, elle est placée aujourd'hui aux Invalides dans le caveau de la crypte du tombeau. Pendant le voyage de Cannes à Paris, le ceinturon de l'épée fut orné de l'agrafe en diamants que Mme Mère avait donnée à l'Empereur au moment du départ de Porto-Ferrajo. (Barron Larrey, *Madame Mère,* tome II, page 106.)

(6) La grande salle du synode était en transformation lorsque Napoléon arriva à Auxerre. Les travaux réclamés par l'ingénieur

petit salon qui suivait l'immense salle du synode (en transformation) n'était guère somptueux (1), Napoléon trouva sur
la cheminée le buste de l'Impératrice Marie-Louise et celui du
Roi de Rome, et en entrant dans la vaste chambre à coucher,
occupée par Louis XIV quand il venait à Auxerre (2), l'Empereur ne remarqua que son portrait en pied, où il était re-
présenté revêtu des ornements impériaux, le sceptre en main,
le manteau d'hermine sur les épaules et le laurier d'or
au front (3). Comme le remarque Fleury de Chaboulon, on
aurait pu croire que son règne n'avait jamais été inter-
rompu (4).

La suite de l'Empereur se composait du grand-maréchal du
palais, comte Bertrand, faisant fonctions de major-général de
la grande armée, et du général-comte Drouot, les deux Py-
lades de Napoléon à l'île d'Elbe, du général Cambronne, du
trésorier Peyrusse, du docteur Foureau de Beauregard, des
secrétaires Rathery et Fleury de Chaboulon.

Bertrand (5) était l'ombre de l'Empereur, il l'avait accom-

Lhoste et le préfet Gamot, dont le devis était de 8.000 francs,
avaient été adjugés pour 6.000 francs au sieur Le Blanc le 20 février 1815; ils furent terminés et reçus le 1er avril. (Antoine, *La
Préfecture*.)

(1) Le petit salon est tapissé d'un damas déchiré, autrefois jaune,
dont les lambris sont vermoulus; un grand canapé et quatre ou
cinq chaises sont couverts d'une tapisserie dont on ne connaît plus
la couleur. (Rapport de Gamot.) Peut-être plaça-t-on dans les appartements de Napoléon les belles tentures de la manufacture des
Gobelins qui avaient déjà servi à l'occasion du passage de la duchesse d'Angoulême le 11 août 1814. (Bulletin de la Préfecture.)

(2) Leblanc-Davau, *Recherches historiques sur Auxerre*, p. 278.
Cette chambre faisait suite au petit salon; l'ameublement se composait de six chaises, un canapé et deux tabourets en acajou couverts de velours d'Utrecht cramoisi. Le lit était en acajou, à es-
trade, garni de rideaux et recouvert de taffetas cramoisi. (Rapport
de Gamot.)

(3) Ce tableau, qui était une copie du portrait de Gérard, fut
brûlé par ordre des autorités royalistes au début de la deuxième
Restauration. (Arch. Yonne, police générale.)

(4) Fleury de Chaboulon, p. 239.

(5) Henri Gratien comte Bertrand, né à Châteauroux le 28 mars
1773, fit partie, le 10 août 1792, d'un des bataillons de la garde
nationale qui se portèrent à la défense des Tuileries. Entré au service, il devint capitaine du génie. Attaché à l'ambassade de France

pagné à l'île d'Elbe comme il devait le faire à Sainte-Hélène; c'était bien le type de la fidélité héroïque et passive, grognon, demandant le repos et la paix sans jamais les obtenir (1), préoccupé de plus du sort de la Maréchale restée à l'île d'Elbe.

Le sage de la grande armée, « l'homme de Plutarque », c'était Drouot (2); il caractérisait la fidélité active et gaie et les missions les plus délicates lui incombaient à l'île d'Elbe; il n'avait pas caché ses appréhensions au moment du départ de Porto-Ferrajo et ne fut rassuré qu'à Grenoble sur le succès de l'entreprise.

Cambronne (3), qui avait amené à l'île d'Elbe le bataillon

à Constantinople (1797), il prit part en 1798 à l'expédition d'Egypte, où sa conduite lui valut le grade de général de brigade. Après Austerlitz, l'Empereur le prit pour aide de camp; après la mort de Duroc, tué le 20 mai 1813, il devint grand-maréchal du palais et eut 122.000 francs de dotation. Il suivit son maître à Sainte-Hélène. Un conseil de guerre l'avait condamné à mort par contumace le 7 mai 1816. Mais Louis XVIII annula le jugement quelques années après et rétablit le général dans son grade. Après 1830, Bertrand fut député et fit partie de la mission chargée de ramener en France les restes de Napoléon. Bertrand, mort en 1847, a laissé au musée de Châteauroux plusieurs reliques napoléoniennes.

(1) Gruyer, *Napoléon, roi de l'île d'Elbe*, p. 81.

(2) Antoine comte Drouot, né à Nancy le 11 janvier 1774, fils d'un boulanger, entra avec le numéro un à l'Ecole d'application de Metz en 1793, servit à l'armée du Nord, assista à la bataille de Fleurus (1796) et à celle de Hohenlinden (1800). Chef de bataillon en 1805, colonel-major de l'artillerie à pied de la garde en 1808, il rendit des services signalés à Wagram et à la Moskowa; créé baron de l'Empire (16 octobre 1810), il commanda l'artillerie légère de la garde aux batailles de Lutzen et de Bautzen (1819) et fut nommé la même année général de brigade, aide de camp de l'Empereur et général de division. Il commanda l'artillerie pendant la campagne de France et fut nommé comte de l'Empire le 22 mars 1814. Gouverneur de l'île d'Elbe aux appointements de 12.000 fr., il fut nommé pair de France le 2 juin 1815 et combattit à Waterloo. La Restauration le fit comparaître devant un conseil de guerre qui l'acquitta. Il se tint à l'écart sous la Restauration et accepta la Pairie le 19 novembre 1831. Il mourut à Nancy le 24 mars 1847.

(3) Né à Nantes le 26 décembre 1770. Reçut le baptême du feu à Jemmapes (1792). Sergent à la 2e légion en juin 1793, il prit part à la guerre de Vendée. Lieutenant en septembre 1793, il se battit à Quiberon et partit capitaine pour l'armée d'Helvétie. Inscrit à la

de la garde impériale, Cambronne, que l'on ne connaît guère
que par un mot trop uniquement célèbre, était un soudard
épique, couturé de blessures, d'une bravoure folle sur les
champs de bataille; en débarquant au golfe Jouan, Napoléon
lui avait confié le commandement de l'avant-garde, mais depuis l'entrée à Lyon, il n'avait plus de commandement et faisait partie de l'escorte de l'Empereur.

Le trésorier Peyrusse (1), que l'on surnommait à l'île
d'Elbe « Peyruche » et que Napoléon appelait « Peyrousse »,
était natif de Carcassonne; c'était un fonctionnaire aimable,
un méridional fluet et frisé, aux favoris en pattes de lapin,
joyeux de vivre quoiqu'il arrivât, bien que son uniforme se res-
sentît de la marche et que la broderie en fût mince (2); chargé
des finances à l'île d'Elbe, il « suivait sa caisse » suivant
son expression. Les fonds emportés de l'île d'Elbe (deux millions en or) pouvant être insuffisants, il venait, sur l'ordre
de l'Empereur, de se procurer 600.000 francs à la succursale
de la Banque à Lyon, qu'il rendit du reste à Paris le 21 mars.

Le docteur Foureau de Beauregard, ex-médecin des écuries
impériales à Paris, était monté au rang de médecin en chef

Légion d'honneur en 1804, chef de bataillon en 1805, il eut, à Austerlitz, son cheval tué sous lui. Napoléon le nomma en 1810 baron
de l'Empire, commandeur de la Légion d'honneur et général de brigade en 1813; blessé à Bar-sur-Aube, à Craonne, à la bataille de
Paris, il amena à l'île d'Elbe les 400 hommes de la garde laissés
à Napoléon. Laissé pour mort sur le champ de bataille de Waterloo,
il se remit de ses blessures, prêta serment de fidélité à Louis XVIII
et fut nommé le 24 avril 1820 commandant de la 16ᵉ division militaire à Lille. Il mourut vicomte et chevalier de Saint-Louis le
29 janvier 1842.

(1) Guillaume-Joseph Roux, baron Peyrusse, né à Carcassonne
le 16 juin 1776, fit, en qualité de payeur du quartier impérial de
1809 à 1814, les campagnes d'Allemagne, de Moscou, de Saxe et
de France. A l'île d'Elbe, Napoléon l'institua trésorier général.
Après le retour de Napoléon à Paris, le 20 mars 1815, il fut nommé
baron de l'Empire, trésorier général de la Couronne et officier de
la Légion d'honneur. Il se tint coi pendant la Restauration et fut,
après 1830, élu maire de Carcassonne; conseiller général de l'Aude,
il se rallia au prince Louis-Napoléon et au coup d'Etat. Commandeur de la Légion d'honneur en 1853, il ne mourut qu'en 1860, à
84 ans.

(2) Peyrusse, *Mémorial*, page 303.

de l'Empereur à l'île d'Elbe (1); de retour à Paris, Napoléon lui conserva ses fonctions de premier médecin.

Le premier secrétaire Rathery remplissait ses fonctions (2) depuis le départ de Fontainebleau, le 20 avril 1814; s'il est peu connu, en revanche le deuxième secrétaire, Fleury de Chaboulon ou Defleury, l'est beaucoup, grâce aux « Mémoires » qu'il a publiés et qui sont surtout caractérisés par un amour immodéré du moi; bavard et curieux, il se renseignait beaucoup sur les faits et gestes de l'Empereur auprès des officiers d'ordonnance et des chambellans; s'il a eu surtout le souci d'attirer sur lui l'attention publique, il ne fait pas toujours « parler Napoléon suivant ses propres opinions (3) », et son ouvrage est très documenté sur le règne des Cent-Jours (4).

(1) Il touchait 15.000 francs par an et avait pris son rôle au sérieux. L'Empereur étant un jour au bain, il vint lui apporter un bol de bouillon. « Le bouillon était trop chaud et, pour ne pas se brûler, l'Empereur le humait. Le médecin en chef s'y opposa au nom d'Aristote, parce qu'en humant son potage, Sa Majesté avalait des colonnes d'air et que ces colonnes d'air pouvaient lui donner la colique. » (Gruyer, p. 85.) Foureau de Beauregard ne renonça à accompagner Napoléon à Rochefort que sur l'injonction formelle de son maître, à cause du mandat de représentant qu'il avait à remplir. (F. Masson, *Autour de Sainte-Hélène*, page 32.)

(2) Ses appointements à l'île d'Elbe étaient de 4.000 fr. (Peyrusse, *Mémorial*, page 242.)

(3) Annotations manuscrites de Napoléon aux « *Mémoires* » de Fleury. (L'exemplaire est au musée de Sens.) H. Houssaye a qualifié de « boutades paradoxales » ces notes de l'Empereur. (*1815*, I, p. 321, note.)

(4) Pierre-Alexandre-Edouard Fleury de Chaboulon était né à Paris le 1er avril 1779; il embrassa la carrière administrative et fut successivement employé dans les finances, auditeur au Conseil d'Etat et sous-préfet de Château-Salins le 18 janvier 1811. Pendant la campagne de France, il alla rejoindre à Montereau l'Empereur qui l'envoya à Reims organiser la résistance, il fut nommé sous-préfet de cet arrondissement par décret du 5 mars 1814 (à cette époque, il signait modestement Defleury), et obligé de se cacher le 13 et le 19 mars après l'entrée des alliés à Reims. Rendu à la vie privée par la Restauration, il alla à l'île d'Elbe, le 22 février 1815, déguisé en marin, sur une barque de contrebandiers, et eut une conversation célèbre avec Napoléon; il le retrouva à Lyon et fut nommé deuxième secrétaire du cabinet de l'Empereur. Nommé officier de la Légion d'honneur et chargé d'une mission à

Sc. hist.

Le commandant Rey, rallié à Napoléon depuis Grenoble, et le gantier Jean Dumoulin, qui était venu offrir ses services au défilé de Laffray, étaient officiers d'ordonnance de l'Empereur, ainsi que MM. Ponze, Senno, Vantini, Pellegrini, fils des meilleures familles Elboises (1); les commissaires des guerres Lacour et Vauthier, l'officier payeur Franconin, des officiers d'état-major venus de l'île d'Elbe dont le commandant Cormel qui, mourant, suivait ses camarades en voiture pour n'exhaler son dernier soupir qu'à Paris, plusieurs officiers généraux et de nombreux officiers en demi-solde complétaient la petite cour qu'abrita la Préfecture pendant deux jours.

*

*   *

On croyait que l'Empereur allait se reposer de son voyage, il n'en fut rien; après être resté quelques instants dans sa chambre pour changer de vêtements, il sortit de la Préfecture accompagné du comte Bertrand et de plusieurs officiers, pour aller passer en revue le 14e de ligne qui était rangé sur la place Saint-Etienne; les Auxerrois purent constater son esprit soigneux et économe, il avait d'abord revêtu un costume et un chapeau propre. Comme la pluie menaçait, arrivé près de la tour de la cathédrale : « Qu'on aille me chercher, dit-il, ma

Bâle pendant les Cent-Jours, il se vit forcé de s'expatrier en Angleterre après le retour de Louis XVIII. Ce fut là qu'il publia ses *Mémoires* pour servir à l'histoire de la vie privée, du retour et du règne de Napoléon en 1815 » qui eurent un grand succès de curiosité. Nommé Conseiller d'Etat par Louis-Philippe et élu député de Château-Salins en 1834, il mourut le 28 septembre 1835.

(1) Peyrusse, *Mémorial*, pages 306 et 307.

Rey fut décoré et nommé colonel du 2e d'artillerie après le 20 mars 1815; il a publié, en 1852, un récit du passage de Napoléon à Grenoble : « Napoléon proscrit à corps, Empereur à Grenoble. »

Le gantier Jean Dumoulin, capitaine de la garde nationale, débarqué à Porto-Ferrajo le 14 septembre 1814, avait assuré Napoléon des dispositions favorables du Dauphiné; au défilé de Laffray, il offrit « cent mille francs et son bras ». Il fut fait chevalier de la Légion d'honneur à Grenoble.

vieille redingote et mon vieux chapeau (1) », et il s'empressa
de les revêtir (2).

A la vue de leur Empereur, l'enthousiasme des soldats du
glorieux 14e de ligne tint véritablement du délire (3); le régiment se forma en carré et Napoléon passa en revue ces in-
trépides soldats « qui s'étaient si bien montrés dans les
guerres d'Italie et d'Espagne (4) ». Il s'entretint familièrement avec les officiers et les soldats, questionnant les vieux
chevronnés sur leurs années de service, leur rappelant les
combats où ils s'étaient trouvés, et, suivant son habitude, tirant les oreilles et donnant de légers soufflets à ceux qu'il
questionnait; plusieurs se plaignaient : « Vous nous devez
des croix, nous avons été oubliés parce que nous n'étions pas
sous vos yeux, cependant nous avons fait notre devoir (5). »
L'Empereur aperçut un vieux sapeur décoré de trois chevrons : « Et toi, lui dit-il, en lui tirant la barbe, combien
as-tu de service ? — 23 ans, Sire. — Nous étions donc en-
semble à l'affaire de Rivoli. — Oui, Sire. — Je vois que tu es
un bon soldat, j'aurai soin de toi (6). » Il distribua lui-même

(1) C'est ce chapeau dont la vétusté avait, à Grenoble, attiré
les plaisanteries d'un grognard du 4e d'artillerie. (Rey, page 22.)
Conf. *Guerre Lyon en* 1814 *et* 1815, page 198. « Buonaparte, qui
voulait paraître extraordinaire en tout, était vêtu d'une méchante
redingote grise et couvert d'un chapeau plus mauvais encore qui
réjouit beaucoup la populace. »

(2) Max Quantin, *Histoire anecdotique des rues d'Auxerre.* (An-
nuaire de l'Yonne, 1870.)

(3) Peyrusse, page 299; Fleury de Chaboulon, p. 252; Coignet,
p. 389.

(4) Lieutenant Monier, *Une Année de la vie de Napoléon,* p. 177.
A la bataille de Rivoli, le 14e s'était emparé de sept pièces de ca-
non. Le 14e était à Eylau; le nom de cette victoire est actuellement
inscrit sur son drapeau. On connaît par les *Mémoires* de Marbot
l'héroïque épisode du 14e décimé par la cavalerie russe. Parmi les
officiers de ce régiment, 26 furent tués et 13 blessés.

(5) A la parade, les plaintes des soldats n'étaient pas rares.
Pendant une revue à Paris, en 1807, un lieutenant se plaignit à
l'Empereur d'être oublié : « Prends patience, lui répondit Napoléon, j'ai bien été oublié pendant sept ans et mon avancement n'en
a pas souffert. »

(6) Peyrusse, *Mémorial,* page 299. Suivant Monier, l'Empereur
adressa ces paroles à un porte-aigle « en lui serrant légèrement
l'oreille ».

les décorations à ceux qui étaient désignés comme les plus dignes. « Ces étoiles d'honneur étaient le prix de vrais services, l'intrigue ne pouvait les payer (1). » Le peuple, qui était accouru en foule sur la place, trop petite pour contenir tant de monde, mêlait ses acclamations à celles des soldats. « En vain nous cherchions à entourer Sa Majesté, on nous bousculait avec tant de persévérance et d'impétuosité, qu'il nous était impossible de rester un moment de suite auprès d'Elle; la manière dont nous étions coudoyés l'amusait infiniment. Elle se moquait de nos efforts, pour nous braver, s'enfonçait plus avant encore au milieu de la foule qui nous tenait assiégés (2). » On craignait, en effet, qu'un assassin ne profitât du tumulte pour frapper l'Empereur. Ce dernier fit ensuite former le cercle aux officiers; les demi-soldes de la ville (3), revêtus de leurs vieux uniformes, s'étaient mêlés à leurs camarades du 14ᵉ. Apercevant le capitaine Coignet, Napoléon le reconnut et le fit venir près de lui : « Te voilà, grognard. — Oui, Sire. — Quel grade avais-tu à mon Etat-Major ? — Vaguemestre du grand quartier général. — Eh bien ! je te nomme fourrier de mon palais et vaguemestre général du grand quartier général; es-tu monté ? — Oui, Sire. — Eh bien ! suis-moi, va trouver à Paris le général Monthyon (4). » Les officiers, formés en cercle autour de l'Empereur, firent, avec leurs épées, une « voûte d'acier » au-dessus de sa tête et, suivant Coignet, Napoléon leur aurait déclaré : « Nous marchons sur Paris, nous n'avons rien à craindre, car il n'y a qu'un soldat chez les Bourbons, c'est la duchesse d'Angoulême. »

Il rentra à la Préfecture après avoir donné quelques ordres; la revue avait duré une heure et demie (5).

(1) Monier, page 177.

(2) Fleury de Chaboulon, page 255. Il est peu probable que le deuxième secrétaire accompagnât Napoléon à la revue du 14ᵉ, mais les officiers présents lui ont raconté ce qui s'était passé.

(3) Les officiers retraités et les demi-soldes, ennemis farouches de la Restauration, étaient naturellement les plus enthousiasmés du retour de l'aigle; Napoléon put former un bataillon composé de demi-soldes du département de l'Yonne. (*Journal de l'Yonne*, 20 mars; conf. Coignet, page 388.)

(4) Coignet, *Cahiers*, page 388.

(5) *Journal de l'Yonne*. Le 9 mai, l'Empereur accorda une paire de souliers en gratification à chacun des sous-officiers et soldats du 14ᵉ. (Napoléon à Davout, correspondance, 21.884.)

L'Empereur admit à son audience les autorités du département, de l'arrondissement et celles de la ville (1) qui s'étaient réunies à la Préfecture pour saluer le César triomphant.

La réception eut lieu dans le premier salon qui venait d'être aménagé dans une partie de l'immense salle du synode (2); il semble que personne ne s'y déroba, bien qu'il y eut parmi les autorités de fervents royalistes : le secrétaire général, M. Sauvalle (3); les conseillers de préfecture, Crochot, Bernard, Robinet de Pontagny et Hay-Lucy (4); les conseillers d'arrondissement Antoine Bazin (5), François de Seignelay (6),

(1) *Journal de l'Yonne.*

(2) La salle du synode était divisée en : 1° une antichambre de 9 mètres 10 de long sur 7 mètres 50 de large; 2° une antichambre pour domestiques, de 4 m. 50 de long sur 4 m. 05 de large; 3° un premier salon de 7 m. 80 sur 4 m. 50, « indispensable pour les grandes réceptions, parce que le salon de compagnie (ou petit salon) n'est plus assez grand » (rapports de Lhoste et de Gamot); 4° une salle à manger de 7 m. 80 de longueur sur 4 m. 50 de large; 5° deux offices et un passage pour le service.

(3) M. Sauvalle, ancien secrétaire général syndic du département remplit les fonctions de secrétaire général de la Préfecture de l'Yonne de floréal an VII au 16 avril 1817, et du 6 septembre 1820 au 1er mai 1832. Le comte d'Artois l'avait décoré de la Légion d'honneur le 21 décembre 1814.

(4) Le conseiller Crochot écrivit le 26 mars à Carnot, ministre de l'intérieur, pour demander de l'avancement. « Votre ministère va faire époque dans nos annales..., déjà tous les reptiles s'attachant au navire comme l'insecte aux plus beaux fruits de nos vergers sont rentrés dans la fange d'où une influence éphémère les avait fait sortir... » (Arch. nat., F1c, III. Yonne, 10.) Il s'empressa de signer l'adresse au Roi le 10 juillet, mais fut remplacé le 1er février 1816 par M. Pierre Pérille, avocat à Auxerre. M. Robinet de Pontagny (né le 5 décembre 1745, conseiller au bailliage, subdélégué de l'intendance, ancien maire d'Auxerre. Son fils Toussaint, né le 22 octobre 1777, était capitaine du génie) fut également remplacé en 1816 par Charles-Alexandre Lepère (père du député de l'Yonne, Ministre de l'Intérieur).

M. Hay-Lucy (1765-1847), nommé membre de la Chambre des députés, après le retour de Louis XVIII, était conseiller municipal. Il avait exercé les fonctions de Préfet par intérim, en avril et mai 1813, et présida plusieurs fois le collège électoral.

(5) M. Bazin, avocat, qui signa l'adresse des habitants d'Auxerre à l'Empereur, fut remplacé le 14 février 1816 par M. de La Ferté-Menu.

(6) Remplacé par M. Poursain de Longchamp.

Bachelet-Vauxmoulins (1), Denis Soufflot (2) ; les conseillers généraux Chardon (3), Leblanc, Martin de la Prémuré (4), le Maire et le Conseil municipal, les Juges au Tribunal civil et au Tribunal de commerce (5) vinrent saluer le proscrit de la veille, aujourd'hui maître de la France.

Napoléon accueillit tous les fonctionnaires avec bienveillance et se fit rendre compte de chaque partie de l'administration (6). Suivant son habitude, il promenait ses yeux, d'une extrême mobilité, sur les personnes présentes et s'entretint avec les uns et les autres, posant à chacun des questions brèves sur l'esprit de la ville, ses productions, ses besoins. Redevenu procureur impérial, M. Paradis, conseiller municipal, qui avait signé en avril 1814 l'adresse au Gouvernement provisoire, lui dit, en le complimentant sur son retour prodigieux : « Sire, nous avons gémi dix mois sous l'oppression. »

(1) Remplacé par M. Vathaire-Guerchy, M. Pillon, juge de paix du canton de Vermenton, nommé par ordonnance royale du 27 septembre 1814, conseiller d'arrondissement, avait dû saluer Napoléon à son passage de Vermenton, puisque la deuxième Restauration le remplaça par M. Romaux.

(2) Egalement conseiller municipal, conserva ses fonctions sous la deuxième Restauration.

(3) Avocat, juge suppléant au Tribunal civil, secrétaire du Conseil général.

(4) Les autres conseillers généraux, n'habitant pas Auxerre, ne durent pas assister à la réception, bien que le Roi les eût convoqués extraordinairement au chef-lieu par ordonnance du 11 mars. (Voir page 9.)

(5) Le Tribunal civil était ainsi composé en 1815 : président Rémond, vice-président Camelin, juges Collet, Chopin de Mércy, Guérin-Devaux, Mathieu (instruction), Lourdet, Gaudet, Guéron, suppléants Sochet, Bazin, Chardon, Maloin, procureur Guilbert La Tour, substituts Contier et Demolènes, greffier Lemaire ; le Tribunal était divisé en deux chambres. Ancien procureur du Roi près le bailliage d'Auxerre, Pierre-Antoine Rémond (né le 5 juin 1752) présida, pendant les Cent-Jours, le collège électoral de l'arrondissement d'Auxerre qu'il avait déjà présidé en 1811. Prix-Gabriel Camelin-Ragon, né le 26 avril 1759, ancien procureur du Roi en l'élection, jouissait d'une certaine fortune et était membre du collège électoral. Tribunal de commerce : Villetard, président ; Escalier, Lesseré-Maure, Faurax fils, Deschamps, juges ; Baudelot, greffier. MM. Lesseré-Maure, Faurax et Deschamps étaient conseillers municipaux.

(6) *Journal de l'Yonne.*

Le vice-président Camelin ne fut pas moins enthousiaste :
« La France, dit-il, a chassé ses tyrans et reconquis son libérateur. » Comme à Grenoble et à Lyon, l'Empereur laissa tout
le monde étonné de l'étendue de ses connaissances et de la
justesse de son esprit (1); il était du reste d'une humeur char-
mante et se mit à plaisanter sur la cour de Louis XVIII : « Sa
cour a l'air de celle du roi Dagobert, on n'y voit que des an-
tiquailles, les femmes y sont vieilles et laides à faire peur; il
n'y avait de jolies femmes que les miennes, mais on les trai-
tait si mal qu'elles ont été forcées de déserter. Tous ces gens-
là n'ont que de la morgue et de la fierté (2); on m'a reproché
d'être fier, je l'étais avec les étrangers; jamais on ne m'a vu
souffrir que mon chancelier mit un genou en terre pour
prendre mes ordres, obliger les Préfets et les Maires à servir
à table mes courtisans et mes douairières (3). Ma cour, il est
vrai, était superbe, j'aimais le luxe, non pour moi, un frac de
soldat me suffit; je l'aimais, parce qu'il fait vivre nos ateliers;
sans luxe, point d'industrie... J'ai aboli à Lyon toute cette noblesse à parchemins (4), elle n'a jamais senti tout ce qu'elle
me devait; c'est moi qui l'ai relevée en faisant des comtes et
des barons de mes meilleurs généraux. La noblesse est une
chimère, les hommes sont trop éclairés pour croire qu'il y en
a parmi eux qui sont nobles et d'autres qui ne le sont pas,
ils descendent tous de la même souche; la seule distinction

(1) *Journal de l'Yonne.*

(2) Napoléon a prétendu à Sainte-Hélène qu'il n'avait jamais
tenu ce langage; cependant, à Avallon, il avait déjà dit en présence
de M. Raudot : « Le Roi est un bon homme, il a des moyens, d'assez bonnes vues, mais il est entouré de gens qui le trompent; les
autres princes sont des bêtes ». (Raudot, *Une Heure des Cent-
Jours.*) Si l'Empereur se laissait représenter dans le costume que
les poètes prêtent à la vérité (telle la statue de Canova), il n'aima
jamais la dire.

(3) Allusion à l'installation du Conseil d'Etat où le chancelier
Dambray mit un genou en terre pour demander et recevoir les
ordres du Roi. Au banquet de la ville de Paris, le 29 août 1814, le
préfet de la Seine, baron de Chabrol, sa femme et le Corps municipal servirent à table le Roi, la famille royale, trente-deux dames
de l'ancienne noblesse et quatre seulement de la nouvelle noblesse :
la princesse de Wagram, la duchesse d'Albuféra, la duchesse de
Reggio et la comtesse Maison. (*Moniteur* du 31 août 1814.)

(4) Voir à l'appendice les décrets de Lyon, II.

est celle des talents et des services rendus à l'Etat; nos lois n'en connaissent point d'autres (1). »

L'Empereur parlait avec une extrême volubilité et prenait maintes prises de tabac dans sa tabatière (2); les autorités se retirèrent, il y avait une ombre au tableau : malgré les ordres de Napoléon, le clergé ne paraissait pas.

Le capitaine Coignet, qui s'était rendu à la Préfecture après la revue, trouva le comte Bertrand qui le félicita de sa nomination de vaguemestre du grand quartier général et l'invita à venir le voir aux Tuileries pour lui transmettre les ordres de l'Empereur : « Sa Majesté, déclara le grand-maréchal, est furieuse du départ de la gendarmerie qu'elle croyait trouver à Auxerre; je crois qu'elle enverra le capitaine planter des choux... et le curé, voilà deux fois que l'Empereur le fait demander. Je viens de l'envoyer chercher par des agents de police; sa soutane va être secouée, il en est bien sûr (3). »

L'abbé Viart, fervent royaliste comme tout le clergé à cette époque, loin de faire sonner les cloches de la cathédrale à l'arrivée de Napoléon (4), désirait vivement ne pas aller à la Préfecture saluer le Corse triomphant. On était en carême et il y avait prière et instruction à la cathédrale à cinq heures du soir; le Préfet ayant fait inviter M. l'Archiprêtre à la ré-

(1) Fleury de Chaboulon, page 239; conf. Chautard, *l'Ile d'Elbe et les Cent-Jours,* page 160.

(2) C'était cette tabatière que Napoléon montra à Chalon à un homme du peuple : sur le couvercle, se trouvait le portrait de l'Impératrice Marie-Louise. Napoléon la légua à son fils. « Inventaire de 1821, n° 31 : tabatière en écaille doublée en or, portrait de l'Impératrice Marie-Louise, tabatière que portait souvent l'Empereur. » Elle figura au musée des Souverains sous le n° 217 : la date du mariage, 2 avril, était incrustée en lettres d'or au-dessous du portrait au-dessus duquel se trouvaient les initiales L. N. C'était un cadeau de Marie-Louise à Napoléon (fournie par Nitot, joaillier, le 11 septembre 1810).

(3) Coignet, *Cahiers,* page 388. Le capitaine de gendarmerie Tourta fut remplacé par le capitaine Gallois. (Arch. de l'Yonne, police générale, M⁶, *Les Cent-Jours.*)

(4) A la nouvelle du débarquement de Napoléon en France, l'abbé Viart avait fait, en chaire, « des allusions extrêmement hardies » et avait prononcé les mots de « *Vade retro Satanas* ». Quelques jours après le passage de l'Empereur, les chantres de la cathédrale furent emprisonnés pour n'avoir pas voulu chanter le *Domine salvum fac imperatorem. (Fortin,* p. 159.)

ception de la Préfecture, ce dernier répondit qu'il s'y rendrait après ses pieux exercices; cette réponse ne fut pas agréée. Un second message plus impératif fut suivi d'un second refus; un troisième, accompagné de menaces, se heurta à l'obstination du pasteur (1), et cette fois il ajouta : « Dieu avant les hommes. »

Enfin, après la prière et l'instruction, l'archiprêtre réunit son clergé, lui fit part des ordres réitérés qu'il avait reçus et proposa à ses vicaires de l'accompagner à la Préfecture. Un prêtre proposa de faire quelque toilette pour paraître devant Napoléon : « Non, répondit M. Viart, nous sommes bien comme cela, je ne changerai même pas de rabat (2). » Trois jeunes vicaires demandèrent à être dispensés de la visite à la Préfecture, l'archiprêtre les laissa libres, soupirant de ne pouvoir rester avec eux. Trois ecclésiastiques, M. Closet, M. Lelong, ancien prieur de Notre-Dame-la-D'hors, et M. Taizon, ancien lazariste, professeur de théologie au séminaire d'Auxerre avant la Révolution, se joignirent à lui (3).

Arrivé à la Préfecture (4), on lui dit que Sa Majesté ne donnait plus d'audience; l'abbé Viart, ravi, s'en allait chez lui lorsque le Préfet courut après lui et le ramena (5). On le fit attendre quelque temps, enfin le grand-maréchal Bertrand l'introduisit auprès de l'Empereur, le Préfet le présenta. « Sire (6), dit le pasteur, vous nous avez fait appeler, nous nous présentons pour que vous nous fassiez connaître vos volontés. — Les prêtres sont tous des factieux, dit l'Empereur, irrité du peu d'empressement qu'avait mis l'Archiprêtre à venir le saluer, tous les paysans vous détestent (7). » L'abbé Viart répondit que « les prêtres obtenaient quelque confiance

(1) Fabry, page 121; conf. *Souvenirs de l'abbé Fortin*.

(2) *Souvenirs de l'abbé Fortin*, p. 203; Fabry, page 121 : « M. Viart ne prit point de manteau long. »

(3) Fortin, page 203.

(4) Coignet, *Cahiers*, p. 189 : « Je vois arriver l'abbé Viart bien penaud en passant au milieu du nombreux état-major; le grand-maréchal l'introduisit près de l'Empereur pour recevoir son galop. »

(5) Fabry, page 122.

(6) « L'abbé Viart reconnaissait que ce titre appartenait à Napoléon parce qu'il avait été sacré. » (*Souvenirs de l'abbé Fortin*, page 204.)

(7) Fabry, loc. cit.

et de l'estime dans les classes supérieures de la Société. — Le clergé, depuis mon départ, prêche le retour à la dîme (1), les prêtres, les prêtres.... c'est moi qui ai fait partout leur fortune. » Et Napoléon rappela ce qu'il avait fait pour le clergé. « Le bienfait n'est pas oublié, toutefois qu'il soit permis de dire que cette fortune est insuffisante (2).— Les prêtres n'en ont pas davantage dans tous les Etats de l'Europe. — Apparemment que dans ces divers Etats, il y a des ressources locales qui font que c'est assez; il est connu qu'en France c'est le contraire. — Les prêtres ne doivent point avoir plus, l'Evangile leur prescrit le détachement des biens de la terre. — Il le prescrit à tous, mais ils ne se plaignent pas. Si le peuple grossier ne prenait prétexte de leur indigence pour les moins honorer, et si le succès de leur ministère n'en était pas compromis, ils se tairaient là-dessus; vous-même, Sire, cependant, vous avez tellement reconnu que ce n'est point assez, que vous avez permis d'avoir recours à la voie des suppléments. — Assez, assez, c'est assez ! » La voix de l'Empereur devenait de plus en plus accentuée et marquait une contrariété toujours croissante (3), sa jambe gauche tremblait convulsivement (4), ses yeux gris d'acier, lorsque la colère le prenait, devenaient si brillants qu'ils semblaient d'un métal en fusion (5); le Préfet s'efforça de calmer son irritation : « Sire, dit-il, M. le Curé est le père des pauvres (6), les prêtres sont des séditieux. — Nous ne méritons pas pas cette qualifica-

---

(1) « C'est la première fois, dit l'abbé Viart, que ce mot a été prononcé, et ce n'est pas de la bouche d'un prêtre qu'il est sorti. » (Fortin, loc. cit.)

(2) Certains curés desservants n'avaient que 500 francs de traitement. Si l'entretien avait pris un tour plus enjoué, l'Empereur aurait pu rappeler à l'abbé Viart le vieux proverbe italien, qu'il citait en riant à l'île d'Elbe au vicaire général Arrighi : « *Dominus vobiscum* ne meurt jamais de faim. »

(3) La voix de Napoléon était d'ordinaire grave et sonore, mais lorsqu'il était irrité elle devenait forte et rauque. (Botta, *Histoire d'Italie.*)

(4) Le tressaillement de son mollet gauche était un tic qui annonçait chez l'Empereur une colère violente; « la vibration de mon mollet gauche est très significative chez moi », disait-il à Sainte-Hélène. (*Mémorial*, t. III, p. 341; cf. Tolstoï, « *La Guerre et la Paix*, p. 235; Dr Cabanès, « *Indiscrétions de l'Histoire* », t. III, p. 244.)

(5) Frédéric Masson, *Napoléon chez lui*, p. 119.

(6) Fortin, page 206.

tion, nous prêchons l'ordre et la soumission aux lois. — Vous tenez aux Bourbons. — Il est vrai, nous y tenons par une racine inarrachable (1). — Allez, retirez-vous, dit à ces mots Napoléon en faisant du pied *un mouvement significatif*. L'abbé Viart leva la main et dit : « Dieu bénisse celui qui nous humilie », et se retira avec les prêtres qui l'accompagnaient.

Il s'attendait à être arrêté et ne se coucha pas (2), mais il ne fut pas inquiété. Napoléon ne dédaignait pas ces sortes d'entretiens, souvent il les provoquait. Il n'était pas fâché qu'on lui parlât d'après sa façon de penser et ne dissimulait pas la sienne (3); peut-être même s'était-il montré *tragediante, comediante* comme avec le Pape deux ans auparavant.

Après le départ de l'abbé Viart, le corps d'officiers du 14e de ligne fut introduit pour être présenté à l'Empereur; au sortir de cette audience, le colonel Bugeaud vint près du capitaine Coignet qui se trouvait encore à la Préfecture et lui demanda s'il le reconnaissait : « C'est vous qui m'avez fait faire l'exercice à Courbevoie, je suis un des cinquante que vous avez instruits. Messieurs, ajouta-t-il en se tournant vers ses officiers, je vous ai souvent parlé du vieux Coignet, le voilà (4) », et il serra la main du vieux brave.

Cependant Napoléon, qui avait cru, en arrivant, trouver le maréchal Ney, s'étonnait de ne pas le voir arriver : « Je ne conçois pas, dit-il à Bertrand, pourquoi Ney n'est point ici, cela me surprend et m'inquiète; aurait-il changé d'idée, je ne le crois pas; il n'aurait pas laissé Gamot se compromettre. Cependant il faut savoir à quoi s'en tenir, voyez cela (5). » Il resta tout le reste de la soirée dans son cabinet pour conférer

(1) Le duc d'Angoulême, de passage à Auxerre au mois d'octobre 1815, félicita l'abbé Viart de son attitude et lui dit : « Ce n'est pas à vous qu'il faut recommander de servir et de chérir le Roi. »

(2) L'abbé Fortin le trouva le lendemain matin « frais et dispos, ayant une voix claire et sonore » (une infirmité nerveuse, contractée pendant les mauvais jours de la Révolution, ne lui permettait l'usage de la parole et des jambes qu'à 8 heures du matin, à moins qu'il ne se fût pas mis au lit); « en prévision d'une arrestation, dit-il, j'ai mis mon bonnet de nuit dans ma poche, où il est encore. »

(3) Fortin, loc. cit.

(4) Coignet, page 389.

(5) Fleury de Chaboulon, loc. cit. Dans ses annotations manus-

avec Bertrand, Girard et quelques autres officiers généraux (1), et n'en sortit que pour passer dans la salle où le dîner avait été préparé (2).

L'Empereur admit à sa table : le Préfet, Drouot, Bertrand,
Cambronne, Labédoyère (3), Brayer (4), Allix, le glorieux défenseur de Sens en 1814 (5), Jermanowski et plusieurs autres
officiers (6). Il remarqua les aigles et les portraits de la famille
impériale qui ornaient la salle et en témoigna sa satisfac-
tion (7). Pendant le dîner, il parla de son audacieuse entreprise : « J'ai laissé répandre autour de moi que j'étais d'accord avec les puissances, il n'en est rien, je ne suis d'accord
avec personne, pas même avec ceux qu'on accuse de conspirer
à Paris pour ma cause. J'ai vu de l'île d'Elbe les fautes que
l'on commettait et j'ai résolu d'en profiter. Mon entreprise a

crites aux mémoires de Fleury, Napoléon a prétendu que Ney lui
envoyait quatre officiers par jour depuis le 14 mars et qu'il savait
parfaitement où il était et ce qu'il faisait.

(1) *Journal de l'Yonne*, 20 mars.

(2) Le repas eut lieu, soit dans la salle à manger aménagée dans
une partie de la salle du synode (Voir page 25, note 5), si elle était
complètement terminée dès le 17 mars, soit dans la salle du Conseil
général.

(3) Charles-Angélique-François Huchet, comte de La Bédoyère,
né à Paris le 17 avril 1786. Entré au service à vingt ans, il fit les
campagnes de Prusse et de Pologne (1806-1807), devint aide de
camp de Lannes, passa ensuite dans l'état-major du prince Eu-
gène (1809) et, après de nombreuses actions d'éclat, fut nommé colonel du 112e de ligne, à la tête duquel il se fit encore remarquer
à Lutzen et à Bautzen (1813). Le gouvernement de la Restauration
le nomma chevalier de Saint-Louis et l'envoya commander à Grenoble le 7e de ligne. Mais Labédoyère se rallia à Napoléon. L'Empereur le fit général de division, pair de France (2 juin) et le prit
pour aide de camp. Arrêté le 2 août, il fut déféré le 4 à un Conseil
de guerre et condamné à la peine de mort.

(4) Qui était à la tête de l'armée depuis Lyon. (Laborde, *Napoléon
et la Garde*, page 113.)

(5) Le général Allix était en demi-solde à Clamecy au mois de
mars 1815; il assembla le peuple sur la place de la Mairie, lut, au
milieu des vivats, la proclamation du golfe Jouan et déclara qu'il
prenait le commandement de la ville au nom de l'Empereur. (Rapport du lieutenant de gendarmerie, Varzy 17 mars, cité par Houssaye, p. 317, note 3.) Allix rejoignit Napoléon à Avallon.

(6) Fabry, page 221; cf. *Journal de l'Yonne*.

(7) *Journal de l'Yonne*.

toutes les apparences d'un acte d'audace extraordinaire et elle
n'est en réalité qu'un acte de raison (1). » Il parla ensuite,
avec détails, de la cérémonie funèbre du 21 janvier en l'honneur de la translation des restes de Louis XVI et de Marie-An-
toinette à Saint-Denis, puis de la nouvelle organisation des divisions militaires (2) qu'il critiqua.

Le maréchal Ney arriva vers 8 heures du soir (3), la pers-
pective d'une entrevue avec Napoléon troublait beaucoup le
héros d'Elchingen et de la Moskowa; le grand-maréchal Bertrand vint prévenir l'Empereur de son arrivée : « Le maréchal, avant de se présenter devant Votre Majesté, veut re-
cueillir ses idées et justifier par écrit la conduite qu'il a tenue
avant et depuis les événements de Fontainebleau. — Qu'ai-je
besoin de justification, reprit Napoléon, dites-lui que je l'aime
toujours et l'embrasserai demain (4) ». Il ne voulut pas le
voir le jour même pour le punir de s'être fait attendre et se
retira dans ses appartements; la famille du Préfet était logée
dans le bâtiment du district (5), la suite de l'Empereur se

(1) Fabry, page 222; Brunschwicg, *Cambronne*, page 104; *Journal
de l'Yonne*.

(2) Fabry, loc. cit. Le maréchal Soult, ministre de la guerre, avait
envoyé deux lieutenants généraux dans chaque division militaire;
cette disposition paraissait singulière : Soult avait placé des généraux à lui dans ces divisions (ils correspondaient directement avec
le ministre), d'autres étaient au Roi. En arrivant à Besançon, Ney
trouva le général Mermet qui partageait à son insu depuis vingt
jours le commandement de la division avec Bourmont. (*Quotidienne*,
10 novembre 1815, procès de Ney.) Il y avait, en mars 1815, 23 divisions militaires; la deuxième subdivision, comprenant les départements de l'Aube, de la Haute-Marne et de l'Yonne, dépendait de
la 18ᵉ division de Dijon; elle était commandée par le lieutenant général baron Marulaz, et le lieutenant général baron Boyer de Re-
beval.

(3) Il venait de Lons-le-Saunier par Dôle et Dijon où il avait
passé la nuit du 16 au 17 à l'hôtel de la Cloche; les divisions Lecourbe et Bourmont le suivaient. Fabry prétend que Ney n'arriva
à Auxerre que le 18 à midi et qu'il se fit précéder d'une lettre dans
laquelle il sommait Napoléon « de ne plus prendre les armes que
pour maintenir nos limites et de faire le bonheur du peuple ».

(4) Fleury de Chaboulon, loc. cit. D'après le récit de « *l'Ile d'Elbe
et les Cent-Jours* » (corr. de Napoléon Iᵉʳ, tome 31, page 87), le
maréchal ne serait arrivé que dans la nuit « avec son état-major ».

(5) En 1815, les appartements du Préfet occupaient ce bâtiment
dans lequel on avait pratiqué cinq pièces de petites dimensions

casa en ville comme elle le put. La Préfecture fut ce soir-là le
théâtre d'une scène assez curieuse : à Vermenton, l'Empereur avait ordonné à M. Audibert, sous-préfet de l'arrondissement d'Auxerre, de mettre, dès le lendemain à la disposition
de ses troupes, une grande quantité de rations et de fourrages. Devant l'énormité du chiffre exigé et le peu de temps
dont il pouvait disposer, le Sous-Préfet se récria et fit respec-
tueusement observer à Napoléon que ce qu'il demandait était
impossible : « Sachez, Monsieur, répliqua le maître, que j'ai
rayé ce mot du dictionnaire; allez et ne revenez que pour
m'annoncer l'exécution de mes ordres. » M. Audibert parvint
à réunir à Auxerre tous les approvisionnements demandés.
Dans la nuit, il revint à la Préfecture en informer l'Empereur. Celui-ci dormait; fort de sa consigne, le Sous-Préfet in-
sista pour le voir et le fit réveiller. Outré de colère, Napoléon
mit M. Audibert à la porte. Cependant, le lendemain, il fit venir le Sous-Préfet, le félicita de son zèle et lui laissa comme
souvenir une tabatière et un médaillon à son effigie; peu
après, il lui fit envoyer toute une collection de tapisseries qui
sont aujourd'hui en la possession de son petit-neveu, M. Audibert, président du Tribunal de Tonnerre (1).

Le lendemain, entre six et sept heures du matin, le premier
valet de chambre (2) Marchand entra dans la chambre à coucher de l'Empereur; il ouvrit les fenêtres. Dès que la pièce fut
aérée, Napoléon se leva et, enveloppé dans sa robe de chambre,
parcourut les journaux interceptés par ses courriers et les dépêches de Paris que lui envoyaient ses fidèles (3); il est probable qu'il prit un bain chaud selon son habitude, il fit
lui-même sa barbe : le mameluk Ali (4) tenait le grand miroir

communiquant entre elles par un corridor. (Gamot, *Compte rendu
des établissements publics.*)

(1) Souvenirs obligeamment communiqués par M. Audibert. Voir
à l'appendice l'arrêté du Préfet du 18 mars.

(2) Le premier valet de chambre portait un habit français en
drap vert avec parements et collet enrichis de broderie d'or, un
gilet de casimir blanc, une culotte noire et des bas de soie. (F. Masson, *Napoléon chez lui*, page 65.)

(3) Voir page 28.

(4) Ali, qui s'appelait en réalité Louis-Etienne Saint-Denis, na-
quit à Versailles le 22 septembre 1788; second mameluk depuis
1811, il remplaça l'infidèle Roustan et accompagna Napoléon à
l'île d'Elbe. En juin 1815, il fit toute la campagne de Waterloo, sui-

du nécessaire du côté du jour et Marchand présentait le bassin à barbe et le savon. Le valet de chambre le frictionna avec de l'eau de Cologne, l'aida à s'habiller (1) et l'Empereur, qui devait se reposer à Auxerre toute la journée du 18, attendant l'arrivée des troupes qui le suivaient depuis Grenoble et Lyon (2), reçut le maréchal Ney (3). Bien que la proclamation de Lons-le Saunier (4) put effacer les injures de Fontainebleau, cette entrevue était quelque peu embarrassante pour le « brave des braves »; il entra dans le salon assez gêné, le visage très rouge au milieu de la broussaille rousse des favoris, mais en l'apercevant Napoléon le mit à son aise et s'avança vers lui la main tendue en « comprimant les mouvements de son cœur » : « Embrassez-moi, mon cher maréchal, lui dit-il, je suis bien heureux de vous revoir. Je n'ai pas besoin d'ex-

vit son maître à Sainte-Hélène et le veilla dans sa dernière maladie. Il mourut à Sens, le 6 mai 1856, et laissa au musée de cette ville de précieuses reliques napoléoniennes.

(1) Frédéric Masson, *Napoléon chez lui*, pages 61 et suivantes.

. (2) Au moment de son passage à Auxerre, Napoléon était accompagné des régiments suivants : 5e et 7e de ligne, 3e régiment du génie, 4e d'artillerie avec trente pièces de campagne, 4e hussards (venus de Grenoble), 11e, 20 et 24e de ligne, 13e de dragons (venus de Lyon); l'armée impériale avait été grossie à Lyon et entre Lyon et Mâcon, du 10 au 13 mars, des 23e, 36e, 39e, 72e et 76e de ligne et du 3e de hussards. (H. Houssaye, *1815*, t. I, pp. 281 et 301.) Il y a lieu d'ajouter à ces troupes 600 grenadiers et chasseurs de la vieille garde, 118 chevau-légers polonais, environ 400 chasseurs corses venus de l'île d'Elbe, et un bataillon d'officiers en demi-solde, soit au total 14.000 hommes environ. Les troupes du maréchal Ney, qui devaient passer à Auxerre du 19 au 22 mars, se composaient du 15e léger, 8e de chasseurs, 6e de hussards et 5e de dragons, des 60e, 77e et 81e de ligne. (H. Houssaye, loc. cit.)

(3) Ney portait encore la plaque de la Légion d'honneur à l'effigie de Henri IV; il ne la changea qu'à Paris. (Procès de Ney, déclaration du maréchal et déposition de Caïlsoné, bijoutier au Palais-Royal.) D'après le *Mémorial de Sainte-Hélène*, t. 2, page 1117, Ney en renvoyant l'Empereur se montra embarrassé et lui répéta que, s'il avait perdu sa confiance, il ne lui demandait plus qu'une place parmi ses grenadiers.

(4) Le 14 mars, Ney fit former le carré à ses troupes; les généraux Bourmont se placèrent contre l'une des faces, les tambours ouvrirent un ban et le maréchal, tirant son épée, lut la proclamation faite par Napoléon; la lecture s'acheva au milieu des acclamations des troupes. (H. Houssaye, *1815*, t. I, page 313.)

plication ou de justification, je vous ai toujours honoré et estimé comme le brave des braves (1). » Ney essaya de justifier sa conduite et eut le tact de ne point prononcer le nom de Fontainebleau : « Sire, les journaux ont avancé un tas de mensonges que je voulais détruire : ma conduite a toujours été celle d'un bon soldat et d'un bon Français. — Je le savais, aussi n'ai-je point douté de votre dévouement (2). Vous avez eu raison, Sire, Votre Majesté pourra toujours compter sur moi quand il s'agira de la Patrie... C'est pour la Patrie que j'ai versé mon sang et je suis prêt à le verser pour elle jusqu'à la dernière goutte; je vous aime, Sire, mais la Patrie avant tout, avant tout... » L'Empereur l'interrompit : « C'est le patriotisme qui me ramène aussi en France, j'ai su que la Patrie était malheureuse et je suis venu pour la délivrer des émigrés et des Bourbons; je lui rendrai tout ce qu'elle attend de moi. — Votre Majesté sera sûre que nous la soutiendrons : avec de la justice, on fait des Français tout ce qu'on veut; les Bourbons se sont perdus pour avoir voulu faire à leur tête et s'être mis l'armée à dos. — Des princes qui n'ont jamais su ce que c'était qu'une épée nue ne pouvaient honorer l'armée; ils étaient humiliés et jaloux de sa gloire. — Oui, Sire,

(1) A Sainte-Hélène, Napoléon ne parlait du Maréchal qu'avec le plus profond mépris. (*Journal de Gourgaud*, lord Rosebery, *la dernière phase.*)

(2) A Lyon, l'Empereur avait prescrit à Bertrand d'écrire à Ney en lui faisant entendre qu'il serait responsable envers la France de la guerre civile et du sang qu'elle ferait verser; il avait ajouté : Flattez-le, mais ne le caressez pas trop, il croirait que je le crains et se ferait prier. (Fleury de Chaboulon, page 226.) A cette lettre était joint un ordre de marche (procès de Ney, II, 139) et ce billet autographe : « Mon cousin, mon major général vous expédie l'ordre de marche; je ne doute pas qu'au moment où vous aurez appris mon arrivée à Lyon, vous n'ayez fait reprendre à vos troupes le drapeau tricolore. Exécutez les ordres de Bertrand et venez me joindre à Chalon. Je vous recevrai comme le lendemain de la bataille de la Moskowa. » (Montholon, *Récits de la captivité de Napoléon.*) D'après Mallet, ancien trésorier-payeur général de l'armée d'Italie, qui suivit l'Empereur dans sa marche triomphale et que l'on confond souvent avec le colonel Mallet, commandant le bataillon de l'île d'Elbe, Ney aurait dit à Napoléon en se présentant à lui à la Préfecture : « Si j'ai perdu la confiance de Votre Majesté, qu'elle me donne une place parmi ses grenadiers. » (César-Octave Mallet, *Souvenirs inédits sur Napoléon*, Revue Bleue, 1894.)

ils cherchaient sans cesse à nous humilier; je suis encore indigné quand je pense qu'un maréchal de France, qu'un vieux guerrier comme moi fut obligé de se mettre à genoux devant ce duc de Blacas pour recevoir la croix de Saint-Louis. Cela ne pouvait durer, et si vous n'étiez venu les chasser, nous allions les chasser nous-mêmes. »

Napoléon questionna ensuite le maréchal sur les dispositions de ses troupes : « Elles sont fort bien disposées; j'ai cru qu'elles m'étoufferaient quand je leur ai annoncé que nous allions marcher au-devant de vos aigles. — Quels généraux avez-vous avec vous ? — Lecourbe et Bourmont. — En êtes-vous sûr. — Je répondrais de Lecourbe (1), mais je ne suis point aussi sûr de Bourmont (2). — Pourquoi ne sont-ils point venus ici ? — Ils ont montré de l'hésitation et je les ai laissés. — Ne craignez-vous pas que Bourmont ne renonce et ne vous mette dans l'embarras. — Non, Sire, il se tiendra tranquille; d'ailleurs, il ne trouverait personne pour le seconder. J'ai chassé des rangs tous les voltigeurs de Louis XIV (3) qu'on nous avait donnés, et tout le pays est dans l'enthousiasme. — N'importe, je ne veux point lui laisser la possibilité de nous inquiéter; vous ordonnerez qu'on s'assure de lui et de tous les officiers royalistes jusqu'à notre entrée à Paris (4). J'y serai sans doute du 20 au 25 et plus tôt, si nous y

(1) Lecourbe détestait Napoléon qui l'avait rayé des cadres de l'armée après le procès Moreau. Il accepta le commandement du corps d'observation du Jura pour défendre la patrie menacée (mai 1815) et mourut à Belfort le 23 octobre.

(2) Bourmont, « royaliste de cœur et de tradition », a affirmé qu'il fit tous ses efforts pour empêcher Ney d'abandonner la cause du Roi. (Procès du maréchal Ney.) Il passa à l'ennemi le 15 juin, la veille de la bataille de Ligny. Blücher daigna à peine lui parler; on lui prête ces paroles : « C'est trop tôt... ou trop tard. »

(3) On appelait ainsi les anciens émigrés que la Restauration avait réintégrés dans les cadres de l'armée. Ney avait prescrit de recevoir dans les rangs tous les officiers à demi-solde. (Procès de Ney devant la Chambre des Pairs.)

(4) Les généraux Jarry, Bessières et Delort, l'aide de camp de Ney, le colonel comte Clouet, le colonel Dubalen, le major de La Genetière et l'ordonnateur Cayrol avaient refusé de se joindre à l'armée de Napoléon. De La Genetière écrivit à Ney, le 15 mars, la lettre suivante : « Ne sachant pas transiger avec l'honneur et ne me croyant pas dégagé des promesses solennelles que j'ai faites au Roi entre les mains de S. A. R. Monsieur, lorsqu'il me reçut cheva-

arrivons, comme je l'espère, sans obstacle. Croyez-vous que les Parisiens défendent le Roi ? Je ne le crois pas, Sire, vous savez ce que c'est que les Parisiens, ils font plus de bruit que de besogne. — J'ai reçu ce matin des dépêches de Paris, les patriotes m'attendent avec impatience et sont prêts à se soulever; je crains qu'il ne s'engage quelques affaires entre eux et les royalistes, je ne voudrais pas pour tout au monde qu'une tache de sang souillât mon retour, les communications avec Paris vous sont faciles, écrivez à vos amis, écrivez à Maret que nos affaires vont bien, que j'arriverai sans tirer un coup de fusil et qu'ils se réunissent tous pour empêcher le sang de couler; il faut que notre triomphe soit pur comme la cause que nous servons (1). » Suivant Ney, l'Empereur aurait parlé aussi de son entrevue avec le général autrichien Kohler qui aurait favorisé son évasion de l'île d'Elbe et de son dîner à bord d'un vaisseau anglais, de la certitude que les puissances alliées étaient d'accord avec lui, de l'impossibilité de garder les Bourbons et du maintien de Marie-Louise et du Roi de Rome à Vienne jusqu'à ce qu'il eût donné une constitution libérale à la France. Il lui apprit la démission de Soult et lui demanda des nouvelles de plusieurs personnes (2).

Napoléon ordonna à Ney de regagner Dijon et de conduire

lier de Saint-Louis, je quitte l'état-major et me rends à Besançon. J'ai eu longtemps l'honneur de servir sous vos ordres, Monsieur le Maréchal; aujourd'hui, je n'ai qu'un regret, c'est celui de les avoir exécutés pendant 24 heures; mon existence dût-elle être compromise, je la sacrifie à mon devoir. (Ch. des Pairs, acte d'accusation du maréchal Ney.) Voir à la fin de la brochure la reproduction de l'affiche imprimée à Auxerre.

(1) Fleury de Chaboulon, pages 225 et suivantes. Dans ses notes sur les mémoires de Fleury, Napoléon dit que cette conversation est rapportée inexactement; il est possible que Fleury n'ait point rapporté les termes mêmes de cet entretien, mais il en a certainement donné le sens. (H. Houssaye, *1815*, t. I, page 318, note.) Une pièce du procès de Ney prête au Maréchal un langage très violent : « Je ne suis pas venu vous rejoindre par attachement ou par considération pour votre personne. Vous avez été le tyran de ma patrie, vous avez porté le deuil dans toutes les familles, jurez-moi que vous ne vous occuperez à l'avenir qu'à réparer les maux que vous avez causés à la France. » Procès de Ney, II, 284-285. La version de Fleury est plus vraisemblable. (H. Houssaye, loc. cit.)

(2) *Quotidienne* du 10 novembre 1815; procès du maréchal Ney; cf. Welschinger, *le Maréchal Ney*, 1815, page 56.

ses troupes à Paris par Joigny et Melun (1); le maréchal ne devait arriver à Paris que le 23 mars. (Louis XVIII quitta la France le même jour.) (2).

Ce fut à Auxerre que le colonel Marin, ex-chef d'escadrons de l'artillerie de la garde, qui avait participé à la conspiration de Lefebvre-Desnoëttes, vint rejoindre l'armée impériale. Plus heureux que les frères Lallemand arrêtés dans leur fuite et emprisonnés à la citadelle de Laon, Marin avait réussi à s'échapper et était venu à franc-étrier de Compiègne rejoindre son Empereur. Il était arrivé à Auxerre la veille à 11 heures du soir (3). Napoléon apprit de sa bouche des détails complets sur la pitoyable échauffourée des chasseurs royaux, du bataillon du 21e de ligne et d'une partie du 2e d'artillerie à pied (4), mais si l'échec de cette conspiration militaire rendit quelque confiance aux royalistes de Paris, il ne pouvait troubler Napoléon et arrêter sa marche sur la capitale.

Dans la matinée, Napoléon écrivit à l'Impératrice pour la troisième fois depuis son retour en France (5); il prétendait que Marie-Louise et le Roi de Rome le rejoindraient à Paris et qu'il les ferait couronner, mais depuis le 12 mars Marie-Louise, toute à la crainte d'un triomphe possible de Napoléon, s'était mise sous la protection des puissances pour ne pas rejoindre son impérial époux (6).

(1) Ney quitta Auxerre le lendemain 19 (Henri Houssaye, *1815*, t. I, page 318); il déjeuna avec Napoléon. (Procès du Maréchal.)

(2) Le départ du Roi fut résolu à la nouvelle de la rencontre de Napoléon et du Maréchal à Auxerre. (Fabry, t. I, page 244.)

(3) Laborde, *Napoléon et la Garde*, page 115. Conf. *l'Ile d'Elbe et les Cent-Jours*, page 91, et Rey, page 30.

(4) Pour les détails de la conspiration militaire du Nord, lire H. Houssaye, *1815*, t: I, pages 282 à 289.

(5) Il avait déjà écrit à Marie-Louise, le 8 mars, à Grenoble, et le 11 mars à Lyon. Cette dernière lettre commençait par ces mots : « Madame et chère épouse, je suis remonté sur mon trône »; Napoléon y affirmait qu'il désirait le maintien de la paix et était résolu à respecter le traité de Paris. Suivant le mot de Talleyrand, c'était « le loup devenu berger ».

(6) Lettre de Marie-Louise à Metternich. Le manifeste des Puissances contre Napoléon fut signé le lendemain 13 mars. L'ex-Impératrice écrivait le même jour à la duchesse de Montebello : « Je suis bien fâchée contre la personne (Napoléon) qui expose ainsi le sort futur de mon fils et le mien. J'ai fait la déclaration que je n'étais pour rien dans cette démarche et vous connaissez assez ma

Les termes de la lettre d'Auxerre sont restés inconnus, il est probable que Napoléon y relatait son entrevue avec le maréchal Ney. Cette lettre terminée, Napoléon prit des dispositions pour la marche de son armée (1); les troupes qui avaient commencé à arriver la veille (2) affluaient dans la ville, conduites par les généraux Brayer et Mouton-Duvernet.

Toute la journée du 18, les tambours battirent, les trompettes sonnèrent, les musiques jouèrent « *Veillons au salut de l'Empire* »; par la route de Saint-Bris, débouchèrent sans cesse des troupes de toutes les armes : « artillerie à pied dans son sévère uniforme bleu foncé relevé de rouge, infanterie de ligne avec l'habit bleu, la culotte et les guêtres blanches, infanterie légère toute vêtue de bleu et guêtrée de noir, dragons aux casques de cuivre, à turban de peau de tigre, les buffleteries blanches croisant sur l'habit vert à parements rouges, le grand fusil à l'arçon battant la botte rigide, chasseurs portant l'habit-veste gros vert à parements amaranthe et le charivari de cuir fermé par de gros boutons, hussards aux dolmans gris argentin ou bleu de roi, aux pelisses grises ou écarlates, avec culottes à la hongroise (3). »

Mais les Auxerrois attendaient surtout avec impatience le bataillon venu de l'île d'Elbe (4); cette phalange aux faces balafrées entra en ville sous les plis d'un guidon tricolore surmonté de l'aigle impériale (5); les grenadiers moustachus, tous décorés de l'étoile des braves, coiffés d'oursins gigantesques, portant la queue et la poudre et ayant aux oreilles des anneaux d'or massif du diamètre d'un petit écu, revêtus de longues capotes bleues aux manches surchargées de chevrons, furent accueillis avec des trépignements d'admiration; tout

façon de penser pour en être sûre; tout ce que je désire, c'est la tranquillité et le repos.»

(1) *Journal de l'Yonne*, 20 mars.

(2) *Id.*

(3) Louis Yvert, *Histoire des Régiments de la 3ᵉ brigade de hussards*, Verdun, 1897; H. Bouchot et Job, *Epopée du Costume militaire français*; H. Houssaye, *1815*, t. II, page 320.

(4) Commandé par le colonel Mallet. Le colonel Camille Gautier et les 45 officiers de la garde nationale de Grenoble marchaient avec le bataillon de la garde.

(5) Ce guidon d'honneur avait été donné au bataillon par la ville de Lyon; sur la soie étaient inscrits ces mots : « Les Lyonnais à la garde impériale, 1815. » (*Journal du Rhône*, 16 mars 1815.)

le monde voulait contempler ces vétérans d'Austerlitz, de Wagram et de la Moskowa, qui avaient accompagné leur Empereur dans l'exil et l'avaient conservé « au delà des mers (1) » pour le bonheur des Français. Le bataillon ne se reposa que quelques heures à Auxerre (2) et partit par le coche pour Paris.

En effet, Napoléon, voulant épargner de trop grandes fatigues, fit filer la cavalerie sur Joigny et Sens (3) et s'occupa de faire embarquer sur l'Yonne ses fantassins et ses artilleurs (4). Il fit venir les maîtres de la marine, se fit rendre compte du nombre de leurs bateaux, des moyens de prévenir les accidents et entra avec eux dans une foule de détails concernant la batellerie; les braves mariniers écoutaient bouche bée et ne pouvaient comprendre comment un Empereur en savait autant qu'un batelier (5).

L'Empereur tenait à ce que ses troupes partissent promptement; à plusieurs reprises, il donna des ordres au grand-maréchal Bertrand et à ses secrétaires pour hâter le rassemblement des chalands et l'embarquement des troupes (6). L'ar-

(1) Proclamation du bataillon de l'île d'Elbe à l'armée, 1er mars 1815.

(2) *Journal de l'Yonne.*

(3) *Id.* « L'administration des coches ne pouvait embarquer que 6.000 hommes; on fit venir en poste des bateliers de Sens et autres villes riveraines et on parvint à organiser les transports de toute l'infanterie. » (*L'Ile d'Elbe et les Cent-Jours*, correspondance de Napoléon, t. 31, p. 87.)

(4) Il semble aussi qu'une partie des troupes fut transportée en voiture. Le 21 mars, M. Lacam, le sous-préfet de Joigny, écrivait à Gamot : « Les colonnes venant hier d'Auxerre et de Saint-Florentin ont trouvé des voitures et des chevaux prêts. » (Archives de l'Yonne, *Passage de Bonaparte à Auxerre*.) Conf. lettre de Gamot à Davout, appendice N, et Arch. de l'Yonne, *Les Cent-Jours*, rapport de Lombard, maire de Villeneuve-la-Guyard.) Déjà plusieurs régiments avaient été transportés sur la Saône de Lyon à Chalon. Le bataillon de la garde, transporté de cette façon à Mâcon, était en ligne et en armes lorsque Napoléon passa dans cette ville. (Peyrusse, Mémorial, page 297.)

(5) Fleury de Chaboulon; conf Peyrusse, p. 200; Fabry, p. 134.

(6) Peyrusse, *Mémorial*, loc. cit. Fleury de Chaboulon, p. 257. Coignet, qui s'embarqua le 19 mars avec dix officiers, constate que la rivière était couverte de bateaux remplis de troupes. (*Cahiers*, page 389.) Conf. *Journal de l'Yonne* : « Dans la journée du samedi 18, du dimanche et du lundi, 20.000 hommes de troupes d'artillerie et d'infanterie s'embarquèrent. »

mée était déjà forte de quatre divisions et il voulait la porter
le soir même à Fossard (1), afin qu'elle fût le lendemain à
Fontainebleau. « L'habitude de Sa Majesté était d'employer
ceux qui l'entouraient à tout ce qui lui passait par la tête.
Elle croyait que nous autres, faibles mortels, nous devions
également tout savoir et tout faire (2). » Le bataillon de la
garde et la plus grande partie des troupes s'embarquèrent à
Auxerre (3), quelques bataillons semblent n'avoir pris la voie
fluviale qu'à Joigny et à Sens (4). Malheureusement, un terrible accident se produisit à Pont-sur-Yonne : au milieu de
la nuit du 19 au 20 mars, une des barques coula à pic, un
commandant, quatre officiers et quarante et un soldats furent
noyés (5).

Pendant la plus grande partie de l'après-midi du 18, les généraux et les colonels des régiments qui passaient à Auxerre
se rendirent à la Préfecture pour protester de leur amour et
des sentiments de fidélité et de dévouement qui animaient
les troupes (6). Napoléon donna au général Allix le commandement provisoire du département de l'Yonne (7) et s'entretint familièrement avec lui.

Allix se moqua du général Marchand; un maladroit, dit-il,
qui n'avait pas su s'y prendre pour arrêter l'Empereur à Grenoble. « A sa place, j'aurais fait tout autrement. — Et qu'au-
riez-vous fait, dit l'Empereur. — Au lieu d'envoyer un bataillon au défilé de Laffray, j'aurais marché en corps avec des
troupes sûres et j'aurais connu l'esprit de ma troupe. — Et
après. — Je vous aurais tué. — Vous ne l'auriez pas fait,
Allix. — Si, morbleu ! Je ne pourrai jamais trouver une plus
belle occasion d'immortaliser mon nom. » L'Empereur se
contenta de lui donner le petit soufflet par lequel il avait

(1) Peyrusse, loc. cit.

(2) Fleury de Chaboulon, page 258.

(3) Brunschvicg, *Cambronne*, page 105.

(4) Voir à l'appendice les « Pièces des Archives de l'Yonne relatives au passage de Napoléon à Auxerre, V. »

(5) Fabry, page 135; conf. Coignet, p. 389; Arch. Yonne, police
générale, M[6]. « L'adjoint au Maire de Pont-sur-Yonne à M. le
Sous-Préfet de l'arrondissement de Sens », 21 mars 1815.

(6) *Journal de l'Yonne.*

(7) J. Perrin, *Les Sièges de Sens.* Allix accompagna l'Empereur
à Paris. (Arch. Yonne, rapport de Lombard, maire de Villeneuve-
la-Guyard.)

coutume de témoigner sa bonne humeur (1); il recevait d'excellentes nouvelles : le courrier de Lyon lui apprenait que le maréchal Suchet (2) et les troupes sous ses ordres avaient repris les aigles impériales; un autre courrier, que la vieille garde se réunissait à lui, avançant à marches forcées sur Troyes (3).

Il fut décidé que l'Empereur ne quitterait Auxerre que le lendemain 19; le royaliste Fabry attribue la prolongation du séjour de Napoléon à « la crainte que lui aurait causée le départ de Soult, ministre de la guerre ? » et aussi à « la terreur qu'il éprouvait dans cette marche qu'il appelait triomphale ». Il faut avouer que l'auteur de « *l'Itinéraire de Buonaparte* » invoque des considérations bien invraisemblables pour expliquer le retard de la marche de « l'usurpateur »; si ce dernier resta à Auxerre toute la journée du 18, ce fut uniquement pour préparer sa marche définitive sur Paris et permettre à ses troupes de le rejoindre et de s'embarquer sur les bateaux qu'il fit réquisitionner (4).

Quoique renseigné par les journaux et ses partisans sur ce qui se passait à Paris, Napoléon avait donné l'ordre à ses éclaireurs (5) de lui amener les courriers de la malle; les se-

---

(1) Cette conversation est rapportée par Allix dans ses *Souvenirs politiques et militaires* (27ᵉ article). Si elle est plus ou moins authentique, elle n'est cependant pas invraisemblable. Napoléon aimait qu'on lui parlât librement et était surtout fort bien disposé envers le défenseur du département de l'Yonne en 1814. (Voir dans J. Perrin, page 203, la scène bien *différente* qui eut lieu entre le Premier Consul et Allix aux Tuileries en 1801.)

(2) Suchet était gouverneur de la 5ᵉ division militaire à Strasbourg. Il se rendit à Paris auprès de Napoléon qui le nomma membre de la nouvelle Chambre des Pairs.

(3) *Journal de l'Yonne.*

(4) Il ne faut pas oublier que du golfe Jouan à Paris le bataillon de la garde franchit en dix-huit jours l'espace qu'en temps ordinaire on mettait quarante-cinq jours à parcourir.

(5) Plusieurs officiers d'ordonnance avaient été envoyés en avant et le 6ᵉ de lanciers, qui avait abandonné la cause du Roi, formait l'avant garde de Napoléon; le 18, le colonel Galbois, commandant ce régiment, faisait arrêter deux gardes du corps envoyés par le comte d'Artois en reconnaissance à Montereau. (Fabry, page 136). Conf. « *l'Ile d'Elbe et les Cent-Jours* », page 91 : « Depuis Auxerre, un grand nombre d'officiers et de citoyens rejoignaient chaque jour l'Empereur et le mettaient au courant de toutes les circonstances de l'opinion. »

crétaires étaient chargés de l'examen des dépêches (1), toute la correspondance ministérielle était interceptée, on trouvait beaucoup de lettres écrites par des particuliers remplies d'invectives contre « l'usurpateur », « le lâche guerrier de Fontainebleau », « l'ogre de Corse », « le Robespierre à cheval », lettres dictées « par la haine et le délire (2) ». Les secrétaires, avant de les rendre au courrier, se contentaient d'y ajouter en grosses lettres un « vu » qui, « semblable à la tête de Méduse, aura sans doute pétrifié plus d'un noble lecteur ». On apprit par les journaux et les correspondances particulières que les Vendéens étaient partis de Paris dans l'intention d'assassiner Napoléon; un journal annonçait que les meurtriers s'étaient déguisés en femmes et en soldats et que le Corse ne leur échapperait point (3).

Si l'Empereur paraissait ne point s'inquiéter de ces complots criminels, son état-major était inquiet et faisait bonne garde lorsque des voyageurs demandaient à lui parler pour lui donner des nouvelles.

La défiance de l'entourage de Napoléon aurait pu être fatale à deux émissaires venus à Auxerre.

Un officier d'état-major vint à la Préfecture offrir ses services, on le questionna et ses réponses embarrassées excitèrent quelques soupçons; quelqu'un s'aperçut qu'il avait un pantalon vert, il n'en fallait pas davantage pour persuader à tous les officiers présents que c'était un garde du corps du comte d'Artois déguisé; le malheureux se troubla complètement et ne put répondre un mot au nouvel interrogatoire qu'on lui fit subir; il allait être jeté par la fenêtre, lorsque le comte Bertrand, attiré par le tumulte, s'interposa. La dignité compassée du Grand-Maréchal du Palais s'offusquait de procédés aussi peu protocolaires, il fit procéder à un nouvel interrogatoire du garde du corps; ce dernier avoua qu'il avait été envoyé comme espion pour explorer ce qui se passait au quartier général, mais qu'il n'était pas chargé d'assassiner Napoléon. On le laissa tranquille.

(1) Fleury de Chaboulon, loc. cit. Naturellement Fleury raconte qu'il faisait seul cette besogne.

(2) *Id.*

(3) Il est certain que des souscriptions furent ouvertes publiquement au profit de l'homme qui tuerait Napoléon (souscription ouverte à Blois du 15 au 18 mars) et que plusieurs individus s'offrirent à remplir cette mission. (H. Houssaye, *1815*, t. I, page 319.)

Un chef d'escadrons de hussards, décoré d'un coup de
sabre sur la figure, vint également se joindre aux officiers
réunis à la Préfecture; on le reçut à merveille, on l'invita
même à déjeuner à la table des grands officiers de la maison,
mais le vin est l'écueil du mensonge et le nouveau venu ne
tarda pas à se laisser glisser dans les vignes du Seigneur : devenu très communicatif, il expliqua que le Roi avait pour
lui la garde nationale de Paris et toute la garde impériale,
qu'à chaque soldat resté fidèle le Roi faisait remettre cinq
cents francs, à chaque officier mille francs et un grade de
plus, que Napoléon avait été mis hors la loi (1) et que s'il était
pris.... Des clameurs furibondes couvrirent ces paroles échap-
pées grâce aux fumées de l'ivresse; un colonel assis à côté
du transfuge (2) le saisit au collet et tout le monde voulait
l'assommer. Fleury de Chaboulon s'interposa : « L'Empereur ne veut point qu'on répande de sang, vous avez juré de
ne point faire de quartier aux assassins, mais cet homme n'en
est point un; c'est sans doute un espion, nous ne le craignons
point. Qu'il aille dire à ceux qui l'envoient ce qu'il a vu; bu-
vons tous à la santé de notre Empereur. Vive l'Empereur ! »
Le commandant fut chassé et conspué, personne ne le revit
plus (3).

(1) Voir à l'appendice l'ordonnance du Roi déclarant Napoléon
traître et rebelle, I.
(2) Probablement, le colonel d'état-major Lebel.
(3) Ces deux anecdotes sont racontées par Fleury de Chaboulon
dans ses *Mémoires*, pages 254 et suivantes. Suivant lui, un troisième déserteur de l'armée royale se serait présenté à Auxerre
pour révéler à l'Empereur un secret important. Napoléon ne voulut
pas perdre de temps à l'écouter, il le renvoya à son deuxième secrétaire : « C'était un officier de hussards, ami et complice de Maubreuil. Il ne me jugea point digne de ses confidences et je le con-
duisis au grand-maréchal. Il lui déclara en substance qu'il avait été
chargé, ainsi que Maubreuil par le Gouvernement provisoire et par
de très grands personnages, d'assassiner Napoléon lors de son départ pour l'île l'Elbe; qu'il avait eu horreur d'un crime aussi épou-
vantable et n'avait pas voulu l'accomplir et qu'après avoir sauvé
une première fois la vie à Napoléon il venait se ranger près de sa
personne pour lui faire, en cas de besoin, un rempart de son corps.
Il remit au grand-maréchal un mémoire de Maubreuil et différentes
pièces dont l'Empereur me chargea de lui rendre compte. Je les
examinai avec le plus grand soin, elles prouvaient incontestable-
ment que des rendez-vous mystérieux avaient été donnés à Mau-

Cependant l'Empereur, à force d'être entretenu de complots ourdis contre sa vie, finit par s'en attrister; le bruit de ces projets homicides s'était répandu dans l'armée (1). Déjà fort irrités par l'ordonnance royale du 6 mars qui les mettait hors la loi et par le langage des journaux qui les traitaient de bandits, les soldats devinrent furieux, ils parlaient d'exterminer les chouans et les gardes du corps qu'on disait postés dans la forêt de Fontainebleau (2).

« Je ne puis concevoir, dit Napoléon, comment des hommes exposés à tomber entre mes mains peuvent provoquer sans cesse mon assassinat, et mettre ma tête à prix. Si j'eusse voulu me défaire d'eux par de semblables moyens, il y a longtemps qu'ils seraient en poussière; j'aurais trouvé comme eux des Georges, des Brûlart et des Maubreuil... Je veux qu'il n'y ait point une seule goutte de sang français de répandu, une seule amorce de brûlée. Il faut recommander à Girard (3) de contenir ses soldats. » Et l'Empereur dicta l'ordre suivant à un de ses secrétaires (4) : « Général Girard, on m'assure que vos troupes, connaissant les décrets de Paris, ont résolu par représailles de faire main basse sur les royalistes qu'elles rencontreront. Vous ne rencontrerez que des Français; je vous défends de tirer un seul coup de fusil (5); calmez vos soldats, démentez les bruits qui les exaspèrent; dites leur que

breuil au nom du Gouvernement provisoire; mais elles ne contenaient aucun indice qui pût faire pénétrer le but et l'objet de ces ténébreuses conférences : le nom des illustres personnages qu'on a voulu associer depuis à cette odieuse trame ne s'y trouvaient même pas prononcés. Cet officier ne retira aucun fruit de ses révélations vraies ou supposées et disparut. »

(1) H. Houssaye, *1815*, t. I, page 320.

(2) H. Houssaye, loc. cit.

(3) Le général Girard venait de recevoir le commandement de l'avant-garde.

(4) Fleury de Chaboulon, p. 255, prétend que ce fut lui qui écrivit cet ordre sous la dictée de Napoléon.

L'Empereur se promenait tout en dictant; à mesure qu'il entrait dans son sujet, et concentrait sa pensée, sa marche se pressait, sa parole se précipitait et il répétait un mouvement du bras droit qu'il tordait en tirant avec la main le parement de son habit. (F. Masson, *Napoléon chez lui*, la journée de l'Empereur aux Tuileries.)

(5) Napoléon, dans ses « notes sur les Mémoires de Fleury, s'insurge contre cette phrase : « Ainsi, dit-il, si 200 volontaires royaux avaient tenu ferme, le général Girard devait se rendre, puisqu'il

je ne voudrais pas rentrer dans ma capitale à leur tête si leurs armes étaient teintes de sang français. »

Dans la soirée, l'Empereur décida qu'il partirait le lendemain de grand matin et régla les préparatifs du départ. Il donna l'ordre au Préfet de ne pas quitter Auxerre et le chargea de diriger et de surveiller les embarquements des troupes qui se prolongèrent pendant trois jours.

*

* *

Le 19, dimanche des Rameaux, les habitants de la ville et des campagnes voisines, instruits du départ de l'Empereur, se réunirent de bonne heure devant l'hôtel de la Préfecture pour « jouir de nouveau de la vue de l'hôte illustre que la ville d'Auxerre avait possédé dans ses murs pendant deux jours » (1). Les Auxerrois pouvaient lire sur les murs la proclamation du maréchal Ney et les diverses proclamations et adresses des régiments et des villes à l'Empereur (2).

ne devait pas tirer un coup de fusil, et Napoléon, s'il trouvait de la résistance, devait retourner à l'île d'Elbe ? » Napoléon joue sur les mots. « Il est bien clair que si l'Empereur a écrit : Je vous défends de tirer un seul coup de fusil, cela ne voulait point dire qu'on devait se laisser fusiller sans riposter et battre en retraite à la moindre résistance. Cela signifiait que Girard ne devait point engager le feu le premier et qu'il devait employer tous les moyens pour éviter l'effusion du sang. » (H. Houssaye, p. 321, note.) C'est ce que l'Empereur avait recommandé à Cambronne en débarquant au golfe Jouan : « Général Cambronne, je vous confie ma plus belle campagne; tous les Français m'attendent avec impatience, vous ne trouverez partout que des amis; ne tirez point un seul coup de fusil, je ne veux pas que ma couronne coûte une goutte de sang aux Français. »

(1) *Journal de l'Yonne*, 20 mars.

(2) Napoléon avait profité de son séjour à Auxerre pour faire imprimer ces proclamations. Elles furent imprimées sur une feuille in-4°, tirées à 2.000 exemplaires par les soins du trésorier Peyrusse et affichées à Auxerre et dans les villes traversées par l'Empereur. (Archives du baron Peyrusse, pièces justificatives.) On trouve sur la feuille in-4° :

1° Un extrait du journal du département de l'Isère qui donne des détails sur la journée du 9 mars;

2° La proclamation des officiers, sous-officiers et soldats du

Le Maire et le Conseil municipal vinrent à la Préfecture saluer une dernière fois Napoléon et lui remirent l'adresse des habitants de la ville d'Auxerre, ainsi conçue :

« Sire,

« Vingt années de victoires, dont la plus belle portion fut due à votre génie, à votre héroïsme, avaient élevé la France au plus haut degré de splendeur. Une coalition impie a voulu détruire jusqu'à la mémoire de tant de trophées; mais le peuple et l'armée plaçaient en vous leurs espérances; vous arrivez, Sire, et la gloire nationale, inséparable de la vôtre, va refleurir plus pure que jamais.

« Non, le prix de tant de nobles travaux ne sera point perdu; déjà, Sire, vous avez rappelé parmi nous toutes les pensées libérales qui n'avaient point cessé de vivre dans les âmes généreuses. Digne héritier du trône de Charlemagne et réunissant comme lui, autour de vous, l'élite des citoyens, bientôt, Sire, vous allez donner à la Patrie des lois et des institutions dignes de vous et d'elle.

« Que peut-il manquer, Sire, à votre bonheur; vous commandez à des hommes libres et les palmes de l'immortalité vous attendent.

4° régiment du corps impérial de l'artillerie à leurs camarades. Signée, chef de bataillon Picquet;

3° La proclamation des officiers et soldats du 3° régiment du génie à l'armée française. Signée, colonel Izard;

4° L'adresse des officiers et soldats du 5° régiment d'infanterie de ligne à l'Empereur. Signée, colonel baron Roussille;

5° La proclamation des soldats du 7° de ligne à leurs frères d'armes. Colonel Labédoyère;

6° La proclamation du Préfet du département de l'Isère aux habitants de l'Isère. Colaud de La Salcette, préfet par intérim;

7° L'adresse des habitants de Bourgoin à Sa Majesté l'Empereur des Français;

8° La proclamation du Maire de la ville de Lyon à ses concitoyens. Signée. De Fargues;

9° La proclamation de l'Empereur aux habitants de la ville de Lyon;

10° L'adresse de la ville de Mâcon à Sa Majesté l'Empereur Napoléon le Grand;

11° La proclamation du maréchal prince de la Moskowa aux troupes de son Gouvernement.

« Le dévouement des Auxerrois vous est grand, Sire, par ces acclamations qui, de toutes parts, ont éclaté à votre vue. Organe légal de ses concitoyens, le Conseil municipal en renouvelle à Votre Majesté l'hommage respectueux (1). »

Au moment de quitter Auxerre, Napoléon apprit que les Marseillais paraissaient vouloir inquiéter ses derrières (2). Il fit donner des ordres aux généraux échelonnés sur la route et partit sans crainte (3).

L'Empereur quitta la Préfecture vers six heures du matin (4) par un temps assez froid (5), dans la voiture du Préfet Gamot (6), attelée de six chevaux de poste; le mameluk Ali était assis sur le siège de derrière (7).

Le Maire et le Conseil municipal, escortés de la garde nationale, accompagnèrent l'illustre voyageur jusqu'à la porte de la ville (8); une foule immense s'était répandue dans les rues et ne cessait de saluer la voiture impériale des cris de

(1) Cette adresse était signée par Robinet de Malleville, maire, Sochet, adjoint (qui le 8 mars appelait Louis XVIII le meilleur des pères); il fut cependant destitué, au mois de mai, par Thibaudeau, commissaire extraordinaire de l'Empereur; Monnot-Villetard, président du Tribunal de commerce; Heuvrard, juge de paix; Rémond, Thierriat de Millerelle, Sotiveau de Richebourg, commissaires de police; Deschamps-Saint-Bris, Chardon, Noirot, Bazin, Robinet de Pontagny, conseiller de préfecture. (Suivent les autres signatures.) Comparer cette adresse avec l'adresse au Roi du 10 mars, pages 6 et 7, et celle de juillet 1815 (appendice X).

(2) Les garnisons du Midi avaient reçu l'ordre de se concentrer entre Nîmes et Marseille sous le commandement du duc d'Angoulême. Cette prise d'armes aboutit à la capitulation du duc à La Pallud le 8 avril.

(3) Fleury de Chaboulon, page 258.

(4) Montholon, *Itinéraire*, page 52, « dès la pointe du jour »; Fabry, « de grand matin ». Le 19 mars, le soleil se levait à 6 heures.

(5) Coignet, page 389 : « Les bords de l'Yonne étaient couverts de neige. »

(6) Il voyagea dans la voiture du Préfet jusqu'à Paris. Monier prétend que l'Empereur était revenu du golfe Jouan jusqu'à Paris dans la « dormeuse » dans laquelle il avait quitté Fontainebleau le 20 mars 1814. C'est une erreur : Napoléon en quittant Porto-Ferrajo n'emmena en France que deux berlines dorées venues de Fontainebleau avec la garde. (Sellier Vincent, p. 369.)

(7) Montholon, page 52. Montholon rejoignit l'Empereur entre Fontainebleau et Paris.

(8) *Journal de l'Yonne*, 20 mars,

« Vive l'Empereur ! Vive Napoléon ! » (1) ; la voiture traversa les places du Département et Saint-Etienne, prit la rue
Notre-Dame (aujourd'hui rue Fourier), la rue Royale (aujourd'hui rue Dampierre), la rue de Paris et s'arrêta avant
de franchir les deux pilastres massifs qui étranglaient l'entrée de la porte Saint-Siméon (2).

M. Robinet de Malleville, au nom du Conseil municipal
et des habitants, offrit à l'Empereur tous ses vœux pour l'achè-
vement de son voyage et, salué une dernière fois des acclamations de la population, la voiture de l'Empereur ne tarda
pas à disparaître sur la route de Paris.

Le Préfet et M. Audibert accompagnèrent Napoléon jusqu'à
Joigny (3) ; le cortège impérial était aussi modeste qu'à l'arrivée à Auxerre : quatre voitures suivies des bagages et des
portefeuilles confiés à la garde du Corse Santini et quelques
lanciers polonais pour escorte (4). C'est en cet équipage que le
César triomphant devait arriver aux Tuileries (5). Les chevaux, les postillons et les courriers parés de rubans tricolores donnaient à ce paisible cortège un air de bonheur et de
fête « qui contrastait singulièrement avec le décret de pros-
cription qui pesait sur la tête des voyageurs (6) ».

Napoléon ne devait plus revoir la ville d'Auxerre, mais il
conserva un vif souvenir de son voyage, et cinquante et un
ans plus tard le maire, M. Ambroise Challe, pouvait rappeler

(1) *Journal de l Yonne,* 20 mars ; conf. Peyrusse, page 299, et Fleury,
page 257.

(2)   C'était une construction de 1810 que l'inscription commé-
morative de la pose de la première pierre appelait : « porte mo-
numentale votée par le Conseil municipal en l'honneur de Sa Majesté l'Empereur et Roi » ; l'arcade triomphale ne fut jamais exé-
cutée et les pilastres furent démolis en 1851. (Max Quantin, *A travers les rues d'Auxerre.*)

(3) *Journal de l'Yonne,* 20 mars.

(4) A partir de Fontainebleau, Napoléon se fit accompagner du
1er escadron du 6e de lanciers.

(5) En outre des frais de poste, les frais de voyage de l'Empereur s'élevèrent à 7.009 francs, se décomposant comme il suit :
loyers de voitures pour la suite, 1.325 francs ; réparations diverses,
880 francs ; réparations de sellerie, 304 fr. ; transport de bagages,
4.500 fr. (Peyrusse, *Mémorial,* page 308.)

(6) Fleury de Chaboulon, page 257.

à l'Empereur Napoléon III (1) que « le Mémorial de Sainte-Hélène conservait les termes touchants de ce souvenir (2) ».

Après avoir passé à Joigny et à Sens, Napoléon coucha à Pont-sur-Yonne (3); le lendemain 20 mars, il était à Fontainebleau et le soir même couchait aux Tuileries que le Roi venait de quitter dans la nuit du 19 au 20. Suivant la prédiction de la proclamation du golfe Jouan, « l'aigle impériale, avec les couleurs nationales, avait volé de clocher en clocher jusqu'aux tours de Notre-Dame ».

Le « vol de l'aigle » de Porto-Ferrajo à Paris coûta 245.592 fr. 86 centimes à Napoléon (4).

Il coûta plus cher à la France.

———

APPENDICE

—

I

Ordonnance du 6 mars déclarant Napoléon traître et rebelle.

ARTICLE PREMIER. — Napoléon Bonaparte est déclaré traître et rebelle pour s'être introduit à main armée dans le département du Var. Il est enjoint à tous les gouverneurs, commandants de la force armée, gardes nationales, autorités civiles et même aux simples citoyens, de lui courir sus, de l'arrêter et de le traduire incontinent devant un Conseil de guerre qui, après avoir reconnu l'identité, provoquera contre lui l'application des peines prononcées par la loi.

ARTICLE 2. — Seront punis des mêmes peines et comme coupables des mêmes crimes :

Les militaires et les employés de tout grade qui auraient accompagné ou suivi ledit Bonaparte dans son invasion du territoire français, à moins que dans le délai de huit jours, à compter de la

____

(1) Lors de sa visite à l'occasion du concours régional le 6 mai 1866.

(2) Voir la « *Revue* » représentée à Auxerre en 1866.

(3) Le passage de l'Empereur dans le département fera l'objet d'une étude spéciale.

(4) Peyrusse, page 308.

publication de la présente ordonnance, ils ne viennent faire leur soumission entre les mains de nos gouverneurs, commandants de divisions militaires, généraux ou administrations civiles.

ARTICLE 3. — Seront pareillement poursuivis et punis comme fauteurs et complices de rébellion... tous administrateurs civils et militaires, chefs et employés dans lesdites administrations, payeurs et receveurs de deniers publics, même les simples citoyens qui prêteraient directement ou indirectement aide et assistance à Bonaparte.

Donné au château des Tuileries le 6 mars et de notre règne le vingtième.

Signé : LOUIS.

II

Décrets rendus à Lyon le 13 *mars* 1815.

PREMIER DECRET

Napoléon, Empereur des Français, par la grâce de Dieu et les constitutions de l'Empire, etc.,

Considérant que la Chambre des Pairs est composée en partie de personnes qui ont porté les armes contre la France et qui ont intérêt au rétablissement des droits féodaux, à la destruction de l'égalité entre les différentes classes, à l'annulation des ventes des domaines nationaux et enfin à priver le peuple des droits qu'il a acquis par vingt-cinq ans de combats contre les ennemis de la gloire nationale;

Considérant que les pouvoirs des Députés au Corps législatif étaient expirés et que dès lors la Chambre des communes n'a plus aucun caractère national, qu'une partie de cette Chambre s'est rendue indigne de la confiance de la nation en adhérant au rétablissement de la noblesse féodale, abolie par les constitutions acceptées par le peuple; en faisant payer par la France des dettes contractées à l'étranger pour tramer des coalitions et soudoyer des armées contre le peuple Français; en donnant aux Bourbons le titre de Roi légitime, ce qui était déclarer rebelle le peuple Français et les armées, proclamer seuls bons Français les émigrés qui ont déchiré pendant vingt-cinq ans le sein de la Patrie et violé tous les droits du peuple, en consacrant le principe que la nation était faite pour le trône et non le trône pour la nation;

Nous avons décrété et décrétons ce qui suit :

ARTICLE PREMIER. — La Chambre des Pairs est dissoute.

ARTICLE 2. — La Chambre des Communes est dissoute; il est ordonné à chacun des membres convoqués et arrivés à Paris depuis le 7 mars dernier de retourner sans délai dans leur domicile.

ARTICLE 3. — Les collèges électoraux des départements de l'Empire seront réunis à Paris, dans le courant du mois de mai prochain, en assemblée extraordinaire du Champ de Mai, afin de prendre les mesures convenables pour corriger et modifier nos constitutions, selon l'intérêt et la volonté de la Nation, et en même temps pour assister au couronnement de l'Impératrice, notre très chère et bien-aimée épouse et à celui de notre cher et bien-aimé fils.

ARTICLE 4. — Notre grand-maréchal faisant fonctions de major général de la grande armée est chargé de prendre les mesures nécessaires pour la publication du présent décret.

Signé : NAPOLÉON.

SECOND DECRET

Napoléon, Empereur des Français, etc.

ARTICLE PREMIER. — Tous les émigrés qui n'ont point été rayés, amnistiés ou éliminés par nous ou par les Gouvernements qui nous ont précédés et qui sont rentrés en France depuis le 1er janvier 1814 sortiront sur-le-champ du territoire de l'Empire.

ARTICLE 2. — Les émigrés qui, quinze jours après la publication du présent décret, se trouveraient sur le territoire de l'Empire seront arrêtés et jugés conformément aux lois décrétées par nos assemblées nationales, à moins toutefois qu'il ne soit constaté qu'ils n'ont pas eu connaissance du présent décret, auquel cas ils seront simplement arrêtés et conduits par la gendarmerie hors du territoire.

ARTICLE 3. — Le séquestre sera mis sur tous leurs biens, meubles et immeubles, etc.

TROISIEME DECRET

Napoléon, Empereur des Français, etc.

ARTICLE PREMIER. — La noblesse est abolie et les lois de l'Assemblée Constituante seront remises en vigueur.

ARTICLE 2. — Les titres féodaux sont supprimés.

ARTICLE 3. — Les individus qui ont obtenu de nous des titres nationaux comme récompenses nationales, et dont les lettres patentes ont été vérifiées au Conseil du sceau de l'Etat, continueront à les porter.

ARTICLE 4. — Nous nous réservons de donner des titres aux descendants des hommes qui ont illustré le nom français, dans les différents siècles, soit dans le commandement des armées de terre et de mer, dans les Conseils des souverains, dans les administrations civiles et judiciaires, soit enfin dans les sciences et les arts et dans le commerce, etc.

QUATRIEME DECRET

Napoléon, Empereur des Français, etc.

ARTICLE PREMIER. — Tous généraux et officiers de terre et de mer, dans quelques grades que ce soit, qui ont été introduits dans nos armées depuis le 1er avril 1814, qui étaient émigrés, ou qui, n'ayant pas émigré, ont quitté le service au moment de la première coalition, quand la Patrie avait le plus grand besoin de leurs services, cesseront sur-le-champ leurs fonctions, quitteront les marques de leur grade et se rendront au lieu de leur domicile, etc., etc.

CINQUIEME DECRET

Napoléon, Empereur des Français, etc.

Considérant que par nos constitutions les membres de l'ordre judiciaire sont inamovibles, nous décrétons :

ARTICLE PREMIER. — Tous les changements arbitraires opérés dans nos Cours et Tribunaux inférieurs sont nuls et non avenus.

ARTICLE 2. — Les Présidents de la Cour de Cassation, notre Procureur général et les membres qui ont été injustement et par esprit de réaction renvoyés de ladite Cour seront rétablis dans leurs fonctions, etc.

Par quatre autres décrets, Napoléon ordonna que le séquestre serait apposé sur les biens de la famille des Bourbons. Que tous les biens des émigrés qui appartenaient à la Légion d'honneur, aux hospices, aux communes, à la caisse d'amortissement ou aux domaines, seraient rendus à ces derniers établissements.

Que la maison du Roi et les Suisses seraient licenciés et qu'aucun corps étranger ne pourrait être admis à la garde du souverain.

Et que la décoration du Lys, les ordres de Saint-Louis, du Saint-Esprit, de Saint-Michel seraient abolis.

III

PROCLAMATION AUX LYONNAIS

Lyonnais !

Au moment de quitter votre ville pour me rendre dans ma capitale, j'éprouve le besoin de vous faire connaître les sentiments que vous m'avez inspirés; vous avez toujours été au premier rang dans mon affection; sur le trône ou dans l'exil, vous m'avez toujours montré les mêmes sentiments. Ce caractère élevé qui vous distingue spécialement vous a mérité toute mon estime. Dans des moments plus tranquilles, je reviendrai pour m'occuper de vos besoins et de la prospérité de vos manufactures et de votre ville.

Lyonnais, je vous aime.

Donné à Lyon, le 13 mars 1815.

Signé : NAPOLÉON.

IV

ORDRE DU JOUR DU MARECHAL NEY AUX TROUPES DE SON GOUVERNEMENT

Officiers, Sous-Officiers et Soldats,

La cause des Bourbons est à jamais perdue ! La dynastie légitime que la nation française a adoptée va remonter sur le trône : c'est à l'Empereur Napoléon, notre souverain, qu'il appartient seul de régner sur notre beau pays ! Que la noblesse des Bourbons prenne le parti de s'expatrier encore, ou qu'elle consente à vivre au milieu de nous, que nous importe !

La cause sacrée de la liberté et de notre indépendance ne souffrira plus de leur funeste influence. Ils ont voulu avilir notre gloire militaire; mais ils se sont trompés : cette gloire est le fruit de trop nobles travaux pour que nous puissions jamais en perdre le souvenir.

Soldats ! les temps ne sont plus où l'on gouvernait les peuples en étouffant tous leurs droits : la liberté triomphe enfin, et Napoléon, notre auguste Empereur, va l'affermir à jamais; que désormais cette cause soit la nôtre et celle de tous les Français ! Que tous les braves que j'ai l'honneur de commander se pénètrent de cette grande vérité !

Soldats ! Je vous ai souvent menés à la victoire; maintenant, je veux vous conduire à cette phalange immortelle que l'Empereur Napoléon conduit à Paris, et qui y sera sous peu de jours, et là, notre espérance et notre bonheur seront à jamais réalisés. Vive l'Empereur !

Lons-le-Saunier, le 13 mars 1815.

Le Maréchal d'Empire,
Prince DE LA MOSKOWA.

V

CORRESPONDANCE DU PRÉFET GAMOT AVEC LES MINISTRES DE LOUIS XVIII

Préfecture de l'Yonne.

—

Auxerre, le 10 mars 1815.

A Son Excellence le Ministre de l'Intérieur.

Monseigneur,

Je viens d'autoriser les Conseils municipaux de nos principales villes à se réunir pour faire des adresses au Roi. J'ai pensé que, dans cette circonstance, les peuples de Sa Majesté ne pouvaient l'entourer de trop de vénération, de confiance, de dévouement et d'amour.

Je crois pouvoir assurer que le département de l'Yonne est généralement d'un bon esprit. Si quelques turbulents se montrent, j'en rendrai bon compte. Mes chevaux sont sellés et mes mesures prises pour que l'ordre ne puisse être troublé.

J'écrirai tous les huit jours à Votre Excellence un mot sur la situation du département, relative à la Police.

Je suis avec respect, Monseigneur, de Votre Excellence, le très humble et obéissant serviteur.

Le Préfet de l'Yonne,
Signé : Gamot.
(Arch. nat., F¹ᶜ, III, Yonne, 10.)

Préfecture de l'Yonne.

—

Auxerre, le 10 mars 1815.

A Son Excellence le Ministre de l'Intérieur.

Monseigneur,

Lorsque j'ai appris hier les événements qui ont eu lieu du côté de la Provence et du Dauphiné, je m'attendais à recevoir des ordres de la part de Votre Excellence, sur les mesures de précaution qu'il conviendrait de prendre à l'intérieur. Cependant, quoiqu'il ne me soit rien parvenu de votre Ministère, je me suis empressé de faire imprimer la proclamation du Roi du 6 de ce mois, ainsi que l'ordonnance de Sa Majesté du même jour; j'ai fait suivre ces deux actes des détails que contient le *Moniteur* sur ce qui s'est passé. Cet imprimé va être envoyé ce matin dans toutes les communes du département pour y être affiché.

Je vais entretenir la surveillance la plus active sur tous les points, et si le moindre mouvement avait lieu, je me porterais sur-le-champ partout où besoin serait; mais je crois pouvoir assurer Votre Excellence que nous n'avons rien à redouter de semblable dans ce département où tout est dans le plus grand calme.

Je suis avec respect, etc.

(Arch. nat., d°.)

Auxerre, 12 mars 1815.

A Son Excellence le Ministre, Secrétaire d'Etat de l'Intérieur.

Monseigneur,

J'ai l'honneur d'informer Votre Excellence qu'ayant été prévenu ce matin du passage par cette ville de M. le comte de Beaumont, inspecteur général de la police, venant de Lyon, je l'ai fait prier de se rendre auprès de moi; il m'a annoncé l'occupation de cette ville par Bonaparte et le petit corps de troupe qui l'accompagne. Dans cet état de choses, il est extrêmement important que je reçoive des ordres de Votre Excellence et qu'elle m'indique les mesures que je dois prendre. Je la prie en conséquence de me transmettre des instructions extraordinairement et le plus tôt possible.

Je suis avec respect, etc.

En marge de la lettre est écrit : Dire qu'il doit avoir reçu plusieurs fois des instructions, — lui en recommander la prompte exécution, — lui dire un mot de la belle conduite du maréchal Ney qui marche contre Bonaparte et qui répond de ses troupes.

(Arch. nat., d°.)

Le Ministre de l'Intérieur fit écrire à Gamot, le 15 mars :

Monsieur le Chevalier,

Dans vos lettres des 10 et 12 mars, relatives à l'invasion de Buonaparte, vous me demandez des instructions extraordinaires; *le Moniteur, le Bulletin des Lois* ont dû vous parvenir et, sans doute, vous vous serez empressé de faire afficher les proclamations et ordonnances du Roi, et de répandre les procès-verbaux des séances de la Chambre des Députés; vous avez dû recevoir mon instruction du 12 courant; elle vous engage à réveiller les sentiments généreux dans tous les cœurs et à exciter tous vos administrés à s'armer pour la défense du Roi et de la Patrie.

J'ai l'honneur, etc.

(Arch. nat., d°.) (1).

---

(1) Cette lettre se trouve également aux Archives de l'Yonne, police générale, M⁶, les Cent-Jours.

M. Poupier de Montréal (1), ex-adjoint de la Municipalité provisoire d'Auxerre en 1814, avait écrit, le 10 mars, la lettre suivante au Ministre de l'Intérieur :

Monseigneur,

Si, lorsque l'insensé Bonaparte était encore tout puissant, les admirateurs de nos légitimes souverains ne craignaient pas de faire éclater leur zèle, leur amour et leur attachement aux Bourbons, ils doivent compter que les mêmes hommes emploieront tous les moyens que la nature leur a départis pour le soutien d'un trône que la folie et la démence osent encore convoiter.

Si les tentatives d'un monstre trop longtemps épargné ont troublé un moment les esprits faibles et mal assurés, bientôt les décrets de la Providence recevront leur accomplissement dans la mort certaine de l'ennemi de l'espèce humaine. Organe de l'ex-municipalité provisoire de la ville d'Auxerre, qu'il me soit permis, Monseigneur, en venant déposer ici les sentiments dont elle est animée pour notre bon Roi et son auguste famille, de prier Votre Excellence d'agréer l'hommage de sa plus haute considération et de son profond respect.

J'ai l'honneur d'être, etc.

(Arch. nat., F^{1c}, III, Yonne, 10.)

Le Préfet de l'Yonne au Ministre de l'Intérieur.

Le 15 mars 1815.

Monseigneur,

J'ai l'honneur de vous prévenir qu'en conséquence de la lettre qui m'a été écrite par le Roi le 11 de ce mois (2) et qui m'est parvenue aujourd'hui, j'ai fait un appel aux hommes de bonne volonté qui désireront faire partie de l'armée de réserve formée à Melun.

J'ai lieu de croire que le zèle des habitants de ce département et leur attachement pour Sa Majesté se manifesteront d'une manière positive dans cette circonstance.

J'aurai l'honneur de vous informer du résultat de cette mesure. Je suis, etc.

(Arch. de l'Yonne, pol. générale, M⁶, *Les Cent-Jours*.) (3).

---

(1) Jacques Poupier, né à Montréal, arrondissement d'Avallon, employé au département en 1790. Nommé adjoint de la Municipalité provisoire en mars 1814 par le prince de Liechtenstein et déporté à Nevers, par ordre du général Allix, comme complice de l'étranger. Son fils Jacques, né le 28 juillet 1770, s'était enrôlé le 10 juillet 1791 et avait été capitaine des grenadiers du 1er bataillon de l'Yonne le 22 septembre 1791, jour de la formation du bataillon. Il était lieutenant-colonel du 24e de ligne le 1er juillet 1815.

(2) L'abbé de Montesquiou, ministre de l'Intérieur, à Gamot, 11 mars 1815 (Arch. de l'Yonne, police générale M⁶, les Cent-Jours.)

(3) Deux lettres semblables furent adressées au Ministre de la Guerre et au Direc-

VI

ARRETES DU PREFET DE L'YONNE

Du 15 mars 1815.

Nous, Préfet, etc.

Sur la lettre à nous écrite par le Roi sous la date du 11 de ce mois,

Avons arrêté ce qui suit :

1° Il est fait un appel à tous les hommes de bonne volonté qui, pour le salut de la Patrie et la défense du Trône, désireront faire partie de l'armée de réserve formée à Melun;

2° Pour cet effet, il sera ouvert dans toutes les communes des registres d'inscription;

3° Les hommes qui se seront fait inscrire se rendront aux chefs-lieux d'arrondissement et, sur la représentation du certificat de leur inscription, il sera pourvu, par le Sous-Préfet, à leur armement;

4° Lorsque les hommes inscrits seront en nombre suffisant pour former un détachement, ils seront dirigés sur la ville de Melun, sous la conduite d'un officier qui sera désigné par le Sous-Préfet. Cet officier sera choisi parmi ceux qui ont donné des preuves de leur attachement au Roi, et qui seront en état de faire un service actif;

5° Les Sous-Préfets nous rendront compte tous les deux jours de l'exécution du présent arrêté.

(Arch. de l'Yonne, police générale, M⁶, *Les Cent-Jours*.)

Du 15 mars 1815.

Le Préfet, etc.

Arrête :

1° Dans le jour de la réception du présent, le Sous-Préfet et les Maires feront la vérification du cachet du receveur particulier et des percepteurs pour constater les sommes existant en caisse;

2° Les procès-verbaux de ces vérifications seront adressés sans retard, savoir : ceux concernant les revenus particuliers à la Pré-

teur général de la Police. Le Préfet de l'Yonne écrivait le même jour aux Ministres « qu'il réunissait sur les principaux points du département les munitions de guerre et faisait préparer des cartouches pour les remettre aux chefs des compagnies ou détachements à mesure qu'ils seraient armés. » (Archives de l'Yonne, police générale M⁶, les Cent-Jours.)

fecture et au receveur général, et ceux relatifs aux percepteurs, aux sous-préfets qui les communiqueront aux receveurs particuliers ;

3° Les fonds existant dans les caisses des percepteurs seront versés immédiatement dans celles des arrondissements ;

4° A l'avenir, les percepteurs verseront tous les cinq jours le produit de leur recette, sous peine de suspension et de remplacement provisoire ; ils justifieront à chaque versement d'un certificat du Maire de leur résidence, indicatif des recettes faites pendant les cinq jours précédents ;

5° Tous les comptables publics se tiendront prêts à se retirer au premier signal, sur les points qui leur seront indiqués ;

6° Ils seront dispensés d'un service actif dans la garde nationale ;

7° Les autorités administratives et le commandant de la garde nationale leur prêteront assistance et secours, si le cas le requiert, pour favoriser les recouvrements et faciliter le transport des fonds ;

8° Les Sous-Préfets nous tiendront informés de l'exécution du présent.

(Archives de l'Yonne, d°.)

VII

ARCHIVES DE L'YONNE. — PIECES RELATIVES AU PASSAGE DE NAPOLEON A AUXERRE.

Le Préfet de l'Yonne à Son Excellence le Ministre de la Guerre (1).

9 juin 1815.

Lors du passage de l'Empereur dans la ville d'Auxerre au mois de mars, je fus autorisé par Sa Majesté à faire délivrer aux troupes qui l'accompagnaient toutes les fournitures qui leur étaient nécessaires en vivres, moyens de transport, etc., et à faire payer les dépenses relatives par les fonds de toute nature existant dans la caisse du receveur général du département, sauf régularisation selon la forme prescrite. En conséquence de cette autorisation, signée de Son Excellence le grand-maréchal faisant fonctions de major général de la grande armée, j'ai fait acquitter une somme de 33.193 fr. 72 pour les dépenses détaillées dans l'état ci-joint (et) les factures dont les états m'ont été fournis avant la promulgation du décret impérial du 27 avril dernier (2).

---

(1) Le Maréchal Davout.

(2) L'article 2 du décret du 27 avril 1815 est ainsi conçu : « Tout prélèvement de fonds publics, à quelque titre qu'il ait lieu, lorsqu'il n'est pas autorisé par une

Depuis cette époque, d'autres pièces m'ont été présentées; elles justifient les dépenses ci-après :

1° Transporté des troupes, par eau, *de Sens à Paris*, dans les bateaux : *La Georgette, le Beau-Narcisse, l'Austerlitz* et le coche « *le Général-Victor* », plus le transport dans un autre coche de 21 officiers et 30 soldats, évalué .... 3.377 »

2° Transporté, par le sieur Hesnon, dans deux bateaux partis de Pont-sur-Yonne et dont l'un n'est descendu que jusqu'à Montereau .... 333 »

3° Transport par le coche de Joigny à Melun de 43 officiers et soldats suivant trois réquisitions annexées à la lettre du Directeur 258 05

4° Transport, par le sieur Putois, de Villeneuve-sur-Yonne .... 307 »

5° Transport, par le sieur Fouet-Noirault, du même lieu .... 500 »

6° Fourniture de fourrage aux troupes, y compris 214 fr. 85 pour indemnité du garde-magasin 4.716 85

7° Enfin, fourniture de chevaux et voitures pour le transport, par terre, des hommes et des bagages 2.203 55

11.695 45

En vous priant de vouloir bien en ordonnancer le montant, je suis avec respect, Monseigneur, votre très humble et obéissant serviteur.

Signé : GAMOT.

Lettre du comte de Goyon, préfet de l'Yonne,
au Ministre de la Guerre Clarke duc de Feltre.

8 février 1816.

Monseigneur,

Mon prédécesseur a adressé au Ministère de Votre Excellence, le 9 juin dernier, un état des dépenses faites lors du passage de Bonaparte dans ce département. Les dépenses consistent en fournitures faites aux troupes, en vivres et fourrages et dans les frais de convois, soit par eau, soit par terre. A ces états, mon prédécesseur avait joint les pièces justificatives et avait sollicité le paiement de la somme qu'elles représentaient. N'ayant plus ces pièces à ma disposition et étant vivement pressé par quelques-uns des

ordonnance ou autorisation préalable du Ministre compétent, est réputé violation de caisse; ceux qui y prennent part sont responsables et demeurent passibles des poursuites encourues par l'emploi irrégulier et le détournement des deniers de l'État. »

fournisseurs, je les ai invités à me procurer des copies des états qu'ils avaient précédemment fournis.

J'ai l'honneur, Monseigneur, de vous les adresser.

Divers particuliers d'Auxerre ont livré de l'avoine et du foin pour .... 4.502 »

Fourrage en ration. Le garde-magasin réclame pour indemnité à raison de 3 centimes par ration 128 91

Frais de transport, par le coche et bateaux, de Sens à Paris .... 3.377 »

Frais de même nature réclamés par le directeur du coche de Joigny 258 25

                                                         8.266 16

1° Le payeur du département a acquitté des dépenses de cette nature pour une somme de 33.517 fr. 72 par le mandat de mon prédécesseur;

2° Le percepteur de la commune de Vermenton en a acquitté également pour 6.000 francs;

3° Indépendamment de ces dépenses, il en est quelques autres dont je ne peux priser le montant, entre autres les frais de convoi de troupes par terre dont l'état ne m'a pas été remis.

Je désire que Votre Excellence veuille bien me tracer la marche que je dois suivre pour régulariser cet objet.

Je suis avec respect, etc.

Signé : le comte de Goyon.

VIII

ARRETE DU PREFET DE L'YONNE, 18 MARS 1815.

Sur l'exposé fait par le Maire d'Auxerre que M. le Commissaire des guerres (1) attaché à l'armée de l'Empereur Napoléon lui a fait la demande de vivres, fourrages et fournitures nécessaires pour les corps qui passent en cette ville et qu'il ne trouve pas dans ce lieu les ressources suffisantes;

Vu l'avis du Sous-Préfet d'Auxerre,

ARRÊTE :

1° Le Sous-Préfet de l'arrondissement d'Auxerre se fera rendre compte, sans aucun retard, des demandes faites au Maire d'Auxerre et des moyens de les remplir; il constatera les quantités existantes dans cette commune et celles qu'il sera indispensable de

(1) Lacour ou Vautier. (Conf. Peyrusse, Archives, p. 306.)

se procurer dans celles circonvoisines; il emploiera toutes les mesures propres à réunir le plus promptement possible ces dernières dans le magasin d'Auxerre, soit par voie d'achat, soit par voie de réquisition; toutes autorisations nécessaires sont, pour cet effet, données par le présent au Sous-Préfet;

2° Le Sous-Préfet nous informera de toutes les mesures qu'il sera dans le cas de prendre en conséquence des dispositions ci-dessus, ainsi que de leur effet; il nous remettra un état détaillé par commune des demandes ou réquisitions pour chaque nature de fournitures et nous donnera avis du versement;

3° Il nommera un commissaire pour la réception des denrées et fourrages, désignera les lieux où ils devront être entreposés et nommera des garde-magasins pour faire les distributions;

4° A l'exception des fournitures à faire pour le service de ce jour et pour celui de demain, aucune réquisition ne sera frappée qu'après qu'elle aura été spécialement autorisée par nous;

5° Le Sous-Préfet fera la liquidation des diverses fournitures dont le prix sera acquitté incessamment sur les fonds qui seront pour cet effet mis à notre disposition;

6° Le Sous-Préfet nous accusera la réception du présent arrêté.

IX

AFFICHE IMPRIMEE A AUXERRE, LE 18 MARS 1815.

Au Commandant de la place de Dôle.

Par ordre de Sa Majesté l'Empereur des Français, les autorités civiles et militaires feront arrêter et emprisonner partout où ils se trouveront les dénommés ci-après : le lieutenant général de Bourmont, le lieutenant général Lecourbe, le lieutenant général Delort, le général de brigade Jarry, le major de La Genetière, le maréchal de camp Durand, le colonel Dubalen, le baron Clouet, le commandant d'armes d'Auxonne, le comte de Scey, préfet du Doubs, et le Maire de Dôle (1).

(1) Cet ordre est contresigné par le Maréchal Ney. Mais il n'en poursuivit pas l'exécution et aucune des personnes mentionnées ne fut arrêtée. Lorsqu'à la Chambre des Pairs, le 4 décembre 1815, on présenta au Maréchal le texte original de cet ordre, il put répondre : « Je le reconnais, il m'avait été donné par Bertrand, mais personne n'avait été arrêté. Aucun Maréchal n'aurait voulu arrêter un général..... je n'ai fait arrêter qui que ce soit. J'ai laissé tout le monde libre. » (H. Welschinger, *Le Maréchal Ney*, page 43.)

IX

Le Préfet du département de l'Yonne à ses administrés.

Habitants de l'Yonne, la vie de Napoléon a été une suite de prodiges; le plus grand sans doute est celui qui le ramène au milieu de nous. Cet événement, que nos neveux auront peine à croire, nous présage un heureux avenir.

Réunissons-nous à ce héros que la gloire nationale rappelle; lui seul peut assurer à la France l'indépendance qui doit la faire jouir de tous les genres de prospérité et lui donner une constitution appropriée au caractère et aux mœurs actuels de ses habitants.

L'Empereur est aux portes de sa capitale; à sa voix, tous les braves sont accourus sur ses pas. Encore un intant, et la France aura reconquis toute sa gloire.

L'honneur est le seul sentiment qui guide nos armées. Que tous les Français les imitent; que toutes les passions se confondent dans une seule : l'amour de la Patrie et du Souverain (1).

Auxerre, le 19 mars 1815.

Signé GAMOT.
(*Journal de l'Yonne*, 20 mars.)

X

PRÉFECTURE DE L'YONNE.

—

Auxerre, le 20 mars 1815.

Vu le décret impérial rendu à Lyon le 13 de ce mois, portant : article II, la cocarde nationale sera portée par les troupes de terre et de mer et par les citoyens; le drapeau tricolore sera placé sur les maisons communes des villes et sur les clochers des campagnes.

Le Préfet de l'Yonne arrête ce qui suit :

ARTICLE PREMIER. — Le décret sus-daté sera inséré au présent journal et aussitôt sa réception MM. les Maires et Adjoints le feront publier et en assureront l'exécution.

ARTICLE 2. — La dépense relative à l'achat et au placement du drapeau tricolore sera comprise et allouée dans le budget du pro-

(1) A comparer avec la proclamation du 10 juillet suivant (XIII).

chain exercice, mais elle sera provisoirement acquittée sur les fonds disponibles au budget de l'exercice courant.

Le Préfet de l'Yonne,
Signé : GAMOT.

Pour copie conforme :
Le Secrétaire général de la Préfecture,
SAUVALLE.
(Journal de l'Yonne, 20 mars 1815.)

XI

PRÉFECTURE DE L'YONNE.

—

Auxerre, le 10 juillet 1815.

Le Préfet du département de l'Yonne,

Se réunissant d'intention et de volonté au grand nombre d'habitants de ce département qui nous ont exprimé avec empressement le désir de faire parvenir aux pieds du Trône leur soumission, leurs félicitations et leurs vœux pour l'auguste personne du Monarque légitime, dont le retour rend encore une fois la paix à l'Europe et assure à la France un bonheur et une tranquillité inaltérables,

A arrêté :

MM. Meslier, président du Conseil général du département; Raudot, maire d'Avallon; Bazile, maire de Tonnerre; de Tanlay, maire de Tanlay (1); de Louvois, maire d'Ancy-le-Franc; de Busquet, sous-préfet de Sens; de Laurencin, maire de Sens; Cornisset, président du Tribunal de commerce de Sens; Robinet de Malleville, maire d'Auxerre; Hay, conseiller de Préfecture; Deperthuis, membre du Conseil général du département; Le Blanc (idem), demeurant à Auxerre; de Badereau, maire de Vincelles; Lacam, sous-préfet de Joigny; Billebault, maire de Joigny; Lecomte, adjoint au maire de Joigny; de Villefranche, maire de Loôze,

Se rendront incessamment auprès de Sa Majesté Louis XVIII et

---

(1) Louis Thévenin, de Tanlay, riche propriétaire foncier (ses revenus s'élevaient à 90.000 francs), fils d'un ancien Président de la Cour des Monnaies, avait épousé Mademoiselle de Romaynal. Nommé Président du Collège électoral du département en 1811, il fut député auprès de l'Empereur avec MM. d'Anstrude, Le Blanc, Dumolard et Cordier de Vallery. Une note confidentielle du Préfet de l'Yonne, M. Rougier La Bergerie, au Ministre de l'Intérieur, Montalivet, déclare qu'à cette époque il ambitionnait un titre et la place de Chambellan de S. M. ». L'Empereur le fit baron en mars 1811. (Arch. Nat. F¹ᶜ III, Yonne 10.) M. de Tanlay avait assisté à la cérémonie du Champ de Mai.

porteront aux pieds du Trône l'expression des sentiments dont ses fidèles sujets de ce département sont pénétrés pour son auguste Personne.

Le présent sera transmis par des exprès aux commissaires susnommés qui en rempliront, sans le moindre retard, les dispositions et qui devront, dans tous les cas, être rendus à Paris avant le 16 du courant, au domicile de M. Hay, l'un d'eux, rue de Paradis n° 25, faubourg Poissonnière.

Signé au registre :
GAMOT, *préfet*, et SAUVALLE, *secrétaire général*.

Pour copie conforme :
Le Secrétaire général de la Préfecture,
SAUVALLE (1).

XII

Au Roi (2).

Sire,

Les principaux fonctionnaires de la ville d'Auxerre et du département viennent d'offrir à Votre Majesté le tribut de leur vénération et de leur dévouement. Mais dans une circonstance où le retour d'un souverain chéri qui, seul, peut nous rendre des jours de calme et de bonheur, comble tous les vœux des véritables Français, de simples citoyens s'empressent aussi de déposer aux pieds de son Trône l'expression de l'enthousiasme dont les remplit cet événement fortuné, le respectueux hommage de leur amour et de leur inviolable fidélité. Oui, Sire, quoique l'affreux auteur de tous nos maux ait opprimé notre ville par sa présence et celle de ses vingt-cinq mille satellites, Votre Majesté n'a jamais cessé de compter parmi les habitants d'Auxerre une immense majorité de sujets fidèles qui ont profondément gémi sur les excès du tyran et qui n'ont cessé d'implorer le ciel pour le retour de cette famille auguste que nos cœurs et nos lois appellent seule à régner sur nous. Que d'actions de grâces ne devons-nous pas rendre à la Providence, lorsque du même coup elle a renversé du trône l'usurpateur qui, dévorant les générations, a couvert la France et l'Europe entière de deuil et de ruines, et replacé le Monarque qui a réconcilié la France avec l'Europe, et dont la sagesse avait en dix mois essuyé tant de larmes et cicatrisé tant de plaies !

Régnez longtemps, Sire, sur ce peuple qui ne doit pas être confondu avec quelques agitateurs que les remords d'une conscience criminelle pouvaient seuls attacher au char du tyran.

(1) Cette pièce m'a été communiquée par M. Le Blanc Duvernoy ; qu'il me permette de lui exprimer ici ma respectueuse gratitude.
(2) Communiqué par M. Ch. Demay.

Pour nous, Sire, Français toujours fidèles aux descendants de Saint Louis et de Henri IV, attachés à Votre Personne sacrée par les liens de l'amour et de la reconnaissance, autant que par notre respect pour les lois de la grande famille, nous renouvelons le serment de défendre votre trône contre toutes les factions, et nous dévouer, jusqu'à notre dernier soupir, au maintien de votre autorité tutélaire.

Vive le Roi ! Vivent les Bourbons !

De Votre Majesté, Sire, les très humbles et très fidèles sujets.

Suivent les signatures : Sochet, adjoint au maire, destitué par le commissaire Thibaudeau; Guilbert-Latour, procureur du Roi; Choppin de Méré (1), juge au Tribunal civil; Le Long, prêtre; Laporte, principal du Collège; Martin, avocat-avoué; Lesseré, Malvin, juge suppléant et maire destitué de Gurgy; Monnot-Villetard (2), membre du Conseil municipal et président du Tribunal de commerce; Deschamps, Saint-Bris, Gallot, Lesseré, directeur des Messageries; Baudelot, greffier du Tribunal de commerce; Faultrier, ancien maire provisoire d'Auxerre en mars 1814; Faurax, juge au Tribunal de commerce; Laurent-Coquille, Bernard, Torta, capitaine de gendarmerie; Heuvrard, membre du Conseil municipal destitué par Thibaudeau; Créthé de La Barcelle, ancien mousquetaire; Chardon, membre exclu par le commissaire Thibaudeau du Conseil général et du Conseil municipal; Bertrand, ex-sergent major de la garde de Louis XVI; Ponelle, marchand « et ayant été, pendant 23 mois, en réclusion en 93 sous le régime des brigands et persécuté pendant les quatre derniers mois passés (pour Louis XVIII ne varietur) » (sic); Chardon Lamocquette, ex-officier de la gendarmerie royale; Ducrot-Saint-Cyr, membre du collège électoral et receveur municipal destitué par le commissaire Thibaudeau; François Marlot, « pour le Roi et vive le Roi »; Baudouin, avoué-licencié; Salomon, avoué; Thomas, ancien militaire au régiment de Monsieur; A. Beaurepaire-Fromantin, « connu par son dévouement à Louis XVIII »; Duché, Mérat, Legueux, Leclerc, directeur du Domaine; Fournier, imprimeur, etc., etc.

(1) Jean-Baptiste-François Choppin de Méré, né le 24 août 1757, ancien Conseiller au bailliage d'Auxerre, membre du Collège électoral du canton de Brienon.

(2) Claude-Antoine Monnot-Villetard, né le 15 décembre 1760, négociant, membre du Collège électoral.

XIII

Le Préfet de l'Yonne à ses administrés.

Auxerre, le 10 juillet 1815.

Habitants du département de l'Yonne,

Après vingt-cinq ans d'orages et de tourmentes, nous étions arrivés au port; un Roi bon et sage tenait les rênes de l'Etat; une charte constitutionnelle garantissait nos personnes et nos propriétés.

A peine étions-nous dans le calme et la sécurité dont on jouit sous la protection de l'honneur et de la vertu, que l'homme qui nous avait fait tant de mal apparaît dans le Midi comme un météore sinistre; il s'avance à pas de géants, il entraîne tout après lui, il dit que l'armée est avilie, et nos braves frères d'armes trompés l'écoutent et se pressent de le suivre. Il se reproche son despotisme, il promet de ne plus régner que par le peuple et pour son bonheur; et une grande partie de ce peuple, séduite par ses promesses fallacieuses, le reçoit et l'élève sur le pavois.

Cependant, la grande famille européenne, tant de fois ébranlée par lui, tant de fois dupe de ses paroles, ne veut plus qu'il gouverne les Français; elle fait avancer ses armées, et, au premier choc, cet homme que l'on croyait si grand, dont on attendait tant de choses, tombe, fuit et cherche à rentrer précipitamment dans l'obscurité dont il n'aurait pas dû sortir.

A quels malheurs ne devrions-nous pas nous attendre dans cette circonstance, si notre auguste Roi qui, l'année dernière, a relevé la France sur le point de succomber, n'était venu pour la deuxième fois lui porter son secourable appui ! Il reparaît au milieu de nous, accompagné de la clémence et de l'oubli du passé, il plaint nos erreurs, il n'en accuse que l'humaine faiblesse.

Nous ne serons pas sourds à sa voix; nous l'écouterons avec confiance, ce bon Roi dont nous avons apprécié les vertus et dont les intérêts se confondent avec les nôtres. Repoussons ces bruits mensongers de rétablissement de dîmes et d'annulation de ventes de domaines nationaux, bruits avec lesquels les ennemis de l'ordre public cherchent à nous alarmer; abandonnons la politique et les discussions dangereuses; livrons-nous paisiblement à nos occupations habituelles; et sous le gouvernement paternel du meilleur des souverains, faisons en sorte de rendre heureuse, autant que possible, cette courte portion d'existence que la nature nous a départie.

Vive le Roi ! Vivent les Bourbons !

Le Préfet du département de l'Yonne,

GAMOT.

(*Journal du département de l'Yonne, 10 juillet 1815.*)

ADRESSE

DES HABITANS DE LA VILLE D'AUXERRE,

A SA MAJESTÉ

L'EMPEREUR

DES FRANÇAIS.

S IRE,

VINGT années dé victoires, dont la plus belle portion fut due à votre génie, à votre héroïsme, avaient élevé la France au plus haut degré de splendeur. Une coalition impie a voulu détruire jusqu'à la mémoire de tant de trophées ; mais le Peuple et l'Armée plaçaient en vous leurs espérances. Vous arrivez, SIRE, et la gloire nationale, inséparable de la vôtre, va refleurir plus pure que jamais.

Non, le prix de tant de nobles travaux ne sera point perdu : déjà, SIRE, vous avez rappelé parmi nous toutes les pensées libérales qui n'avaient point cessé de vivre dans les ames généreuses. Digne héritier du trône de Charlemagne, et réunissant comme lui, autour de vous, l'élite des Citoyens, bientôt, SIRE, vous allez donner à la Patrie des lois et des institutions dignes de vous et d'elle.

Que peut-il manquer, SIRE, à votre bonheur ? Vous commandez à des hommes libres, et les palmes de l'immortalité vous attendent.

Le dévouement des Auxerrois vous est garanti, SIRE, par ces acclamations qui, de toutes parts, ont éclaté à votre vue. Organe légal de ses Concitoyens, le Conseil municipal en renouvelle à VOTRE MAJESTÉ l'hommage respectueux.

Signés ROBINET-DE-MALLEVILLE, Maire ; *Sochet*, Adjoint ; *Monnot-Villetard*, Président du Tribunal de commerce ; *Heuvrard*, Juge-de-paix: *Rémond*; *Thierriat-de-Millerelle*, ancien Lieutenant-colonel; *Souveau-de-Richebourg*, Commissaire de police; *Deschamps-Saint-Bris*; *Chardon*; *Noirot*; *Bazin*; *Robinet-de-Pontagny*, Conseiller de préfecture. (*Suivent les autres signatures.*)

A AUXERRE, de l'Imprimerie de J.-P. LE COQ, rue Dampière, près le Marché-Neuf. 18 Mars 1815.